VADE MECUM DU CHASSEUR.

IMPRIMERIE D'EDOUARD PROUX ET COMP.,
Rue Neuve-des-Bons-Enfans, 3.

VADE MECUM DU CHASSEUR.

LOI

SUR

LA POLICE DE LA CHASSE,

Suivie des Instructions ministérielles,

AVEC

UN COMMENTAIRE SUR CHAQUE ARTICLE,

D'après les motifs exposés et discutés dans les deux chambres,

PAR

JOSEPH LAVALLÉE, avocat, et LÉON BERTRAND,

Tous deux rédacteurs

DU JOURNAL DES CHASSEURS.

2e ÉDITION.

PARIS,

AU BUREAU DU JOURNAL DES CHASSEURS,

Boulevart des Italiens, 26, maison Devisme.

1844.

La loi sur la police de la chasse a pour objet principal l'extinction du braconnage. Voilà surtout ce qu'elle se prepose. (*Journal des Chasseurs*, 1844, p. 192.)

On adresse avec justice un double reproche au décret de 1790. Il est trop doux pour les braconniers et trop sévère pour les chasseurs loyaux. Un règlement sur cette matière doit se montrer indulgent pour ces légers écarts auxquels l'entraînement du plaisir peut servir d'excuse. Il faut qu'il soit impitoyable pour les gens qui font métier de commettre des délits. (*J. des Chasseurs*, 1844, p. 193.)

La chambre des députés, avec une haute sagesse, a écarté de la loi tout ce qui pouvait donner lieu à des tracasseries sans utilité pour la morale ou pour la sécurité publique. (*J. des Chasseurs*, 1844, p. 248.)

LOI

SUR

LA POLICE DE LA CHASSE.

A Paris, le 3 mai 1844.

LOUIS-PHILIPPE, roi des Français, à tous présens et à venir salut.

Nous avons proposé, les chambres ont adopté, nous avons ordonné et ordonnons ce qui suit :

SECTION PREMIÈRE.

De l'exercice du droit de chasse.

Article premier.

Nul ne pourra chasser, sauf les exceptions ci-après, si la chasse n'est pas ouverte, et s'il ne lui a pas été délivré un permis de chasse par l'autorité compétente.

Nul n'aura la faculté de chasser sur la propriété d'autrui sans le consentement du propriétaire ou de ses ayant-droit.

Art. 2.

Le propriétaire ou possesseur peut chasser ou faire chasser en tout temps, sans permis de chasse, dans ses possessions attenant à une habitation et entourées d'une clôture continue faisant obstacle à toute communication avec les héritages voisins.

Art. 3.

Les préfets détermineront, par des arrêtés publiés au moins dix jours à l'avance, l'époque de l'ouverture et celle de la clôture de la chasse, dans chaque département.

Art. 4.

Dans chaque département, il est interdit de mettre en vente, de vendre, d'acheter, de transporter et de colporter du gibier pendant le temps où la chasse n'y est pas permise.

En cas d'infraction à cette disposition, le gibier sera saisi et immédiatement livré à l'établissement de bienfaisance le plus voisin, en vertu soit d'une ordonnance du juge de paix, si la saisie a eu lieu au chef-lieu de canton, soit d'une autorisation du maire, si le juge de paix est absent ou si la saisie a été faite dans une commune autre que celle du chef-lieu. Cette ordonnance ou cette autorisation sera délivrée sur la requête des agens ou gardes qui auront opéré la saisie et sur la présentation du procès-verbal régulièrement dressé.

La recherche du gibier ne pourra être faite à domicile que chez les aubergistes, chez les marchands de comestibles et dans les lieux ouverts au public.

Il est interdit de prendre ou de détruire, sur terrain d'autrui, des œufs et des couvées de faisans, de perdrix et de cailles.

Art. 5.

Les permis de chasse seront délivrés sur l'avis du maire et du sous préfet, par le préfet du département dans lequel celui qui en fera la demande aura sa résidence ou son domicile.

La délivrance des permis de chasse donnera lieu au paiement d'un droit de 15 fr. au profit de l'Etat, et de 10 fr. au profit de la commune, dont le maire aura donné l'avis énoncé au paragraphe précédent.

Les permis de chasse seront personnels ; ils seront valables pour tout le royaume et pour un an seulement.

Art. 6.

Le préfet pourra refuser le permis de chasse :

1° A tout individu majeur qui ne sera point personnellement inscrit, ou dont le père ou la mère ne serait pas inscrit au rôle des contributions ;

2° A tout individu qui, par une condamnation judiciaire, a été privé de l'un ou de plusieurs des droits énumérés dans l'art. 42 du Code pénal, autres que le droit de port d'armes ;

3° A tout condamné à un emprisonnement de plus de six mois, pour rébellion ou violence envers les agens de la force publique ;

4° A tout condamné pour délit d'association illicite, de fabrication, débit, distribution de poudre, armes ou autres munitions de guerre; de menaces écrites ou de menaces verbales, avec ordre ou sous condition; d'entraves à la circulation des grains; de dévastation d'arbres ou de récoltes sur pied, de plants venus naturellement ou faits de main d'homme;

5° A ceux qui auront été condamnés pour vagabondage, mendicité, vol, escroquerie ou abus de confiance.

La faculté de refuser le permis de chasse aux condamnés dont il est question dans les paragraphes 3, 4 et 5, cessera cinq ans après l'expiration de la peine.

Art. 7.

Le permis de chasse ne sera pas délivré :

1° Aux mineurs qui n'auront pas seize ans accomplis ;

2° Aux mineurs de seize à vingt et un ans,

à moins que le permis ne soit demandé pour eux par leur père, mère, tuteur ou curateur porté au rôle des contributions ;

3° Aux interdits ;

4° Aux gardes-champêtres ou forestiers des communes et établissemens publics, ainsi qu'aux gardes-forestiers de l'État et aux gardes-pêche.

Art. 8.

Le permis de chasse ne sera pas accordé :

1° A ceux qui, par suite de condamnations, sont privés du droit de port d'armes ;

2° A ceux qui n'auront pas exécuté les condamnations prononcées contre eux pour l'un des délits prévus par la présente loi ;

3° A tout condamné placé sous la surveillance de la haute police.

Art. 9.

Dans le temps où la chasse est ouverte, le permis donne à celui qui l'a obtenu le droit de chasser de jour, à tir et à courre, sur ses propres terres, et sur les terres d'autrui avec le consentement de celui à qui le droit de chasse appartient.

Tous autres moyens de chasse, à l'exception des furets et des bourses destinés à prendre le lapin, sont formellement prohibés.

Néanmoins les préfets des départemens, sur l'avis des conseils généraux, prendront des arrêtés pour déterminer :

1° L'époque de la chasse des oiseaux de passage, autres que la caille, et les modes et procédés de cette chasse ;

2° Le temps pendant lequel il sera permis de chasser le gibier d'eau, dans les marais, sur les étangs, fleuves et rivières;

3° Les espèces d'animaux malfaisans ou nuisibles que le propriétaire, possesseur ou fermier, pourra en tout temps détruire sur ses terres, et les conditions de l'exercice de ce droit, sans préjudice du droit appartenant au propriétaire ou au fermier de repousser ou de détruire, même avec des armes à feu, les bêtes fauves qui porteraient dommage à ses propriétés.

Ils pourront prendre également des arrêtés :

1° Pour prévenir la destruction des oiseaux ;

2° Pour autoriser l'emploi des chiens lévriers pour la destruction des animaux malfaisans ou nuisibles ;

3° Pour interdire la chasse pendant les temps de neige.

Art. 10.

Des ordonnances royales détermineront la gratification qui sera accordée aux gardes et gendarmes rédacteurs des procès-verbaux ayant pour objet de constater les délits.

SECTION II.

Des peines.

Art. 11.

Seront punis d'une amende de 16 à 100 fr. :

1° Ceux qui auront chassé sans permis de chasse ;

2° Ceux qui auront chassé sur le terrain

d'autrui sans le consentement du propriétaire ;

L'amende pourra être portée au double si le délit a été commis sur des terres non dépouillées de leurs fruits, ou s'il a été commis sur un terrain entouré d'une clôture continue, faisant obstacle à toute communication avec les héritages voisins, mais non attenant à une habitation ;

Pourra ne pas être considéré comme délit de chasse le fait du passage des chiens courans sur l'héritage d'autrui, lorsque ces chiens seront à la suite d'un gibier lancé sur la propriété de leurs maîtres, sauf l'action civile, s'il y a lieu, en cas de dommage ;

3° Ceux qui auront contrevenu aux arrêtés des préfets concernant les oiseaux de passage, le gibier d'eau, la chasse en temps de neige, l'emploi des chiens lévriers ; ou aux arrêtés concernant la destruction des oiseaux et celle des animaux nuisibles ou malfaisans ;

4° Ceux qui auront pris ou détruit, sur le terrain d'autrui, des œufs ou couvées de faisans, de perdrix ou de cailles ;

5° Les fermiers de la chasse, soit dans les

bois soumis au régime forestier, soit sur les propriétés dont la chasse est louée au profit des communes ou établissemens publics, qui auront contrevenu aux clauses et conditions de leurs cahiers de charges relatives à la chasse.

Art. 12.

Seront punis d'une amende de 50 à 200 fr., et pourront, en outre, l'être d'un emprisonnement de six jours à deux mois :

1° Ceux qui auront chassé en temps prohibé ;

2° Ceux qui auront chassé pendant la nuit, ou à l'aide d'engins et instrumens prohibés, ou par d'autres moyens que ceux qui sont autorisés par l'art. 9 ;

3° Ceux qui seront détenteurs ou ceux qui seront trouvés munis ou porteurs, hors de leur domicile, de filets, engins ou autres instrumens de chasse prohibés ;

4° Ceux qui, en temps où la chasse est prohibée, auront mis en vente, vendu, acheté, transporté ou colporté du gibier ;

5° Ceux qui auront employé des drogues

ou appâts qui sont de nature à enivrer le gibier ou à le détruire;

6° Ceux qui auront chassé avec appeaux, appelans ou chanterelles.

Les peines déterminées par le présent article pourront être portées au double contre ceux qui auront chassé pendant la nuit sur le terrain d'autrui et par l'un des moyens spécifiés au parag. 2, si les chasseurs étaient munis d'une arme apparente ou cachée.

Les peines déterminées par l'art. 11 et par le présent article seront toujours portées au maximum, lorsque les délits auront été commis par les gardes-champêtres ou forestiers des communes, ainsi que par les gardes-forestiers de l'Etat et des établissemens publics.

Art. 13.

Celui qui aura chassé sur le terrain d'autrui, sans son consentement, si ce terrain est attenant à une maison habitée ou servant à l'habitation, et s'il est entouré d'une clôture continue faisant obstacle à toute communication avec les héritages voisins, sera puni d'une amende de 50 à 300 fr., et pourra l'être d'un emprisonnement de six jours à trois mois.

Si le délit a été commis pendant la nuit, le délinquant sera puni d'une amende de 100 à 1,000 fr., et pourra l'être d'un emprisonnement de trois mois à deux ans, sans préjudice, dans l'un et l'autre cas, s'il y a lieu, de plus fortes peines prononcées par le Code pénal.

Art. 14.

Les peines déterminées par les trois articles qui précèdent pourront être portées au double, si le délinquant était en état de récidive, s'il était déguisé ou masqué, s'il a pris un faux nom, s'il a usé de violences envers les personnes, ou s'il a fait des menaces, sans préjudice, s'il y a lieu, de plus fortes peines prononcées par la loi.

Lorsqu'il y aura récidive dans les cas prévus en l'article 11, la peine de l'emprisonnement de six jours à trois mois pourra être appliquée si le délinquant n'a pas satisfait aux condamnations précédentes.

Art. 15.

Il y a récidive lorsque, dans les douze mois qui ont précédé l'infraction, le délinquant a été condamné en vertu de la présente loi.

Art. 16.

Tout jugement de condamnation prononcera la confiscation des filets, engins et autres instrumens de chasse. Il ordonnera, en outre, la destruction des instrumens de chasse prohibés.

Il prononcera également la confiscation des armes, excepté dans le cas où le délit aura été commis par un individu muni d'un permis de chasse dans le temps où la chasse est autorisée.

Si les armes, filets, engins ou autres instrumens de chasse n'ont pas été saisis, le délinquant sera condamné à les représenter ou à en payer la valeur suivant la fixation qui en sera faite par le jugement, sans qu'elle puisse être au dessous de 50 fr.

Les armes, engins ou autres instrumens

de chasse abandonnés par les délinquans restés inconnus, seront saisis et déposés au greffe du tribunal compétent. La confiscation et, s'il y a lieu, la destruction, en seront ordonnées sur le vu du procès-verbal.

Dans tous les cas, la quotité des dommages-intérêts est laissée à l'appréciation des tribunaux.

Art. 17.

En cas de conviction de plusieurs délits prévus par la présente loi, par le Code pénal ordinaire ou par les lois spéciales, la peine la plus forte sera seule prononcée.

Les peines encourues pour des faits postérieurs à la déclaration du procès-verbal de contravention pourront être cumulées, s'il y a lieu, sans préjudice des peines de la récidive.

Art. 18.

En cas de condamnation pour délits prévus par la présente loi, les tribunaux pourront priver le délinquant du droit d'obtenir un permis de chasse pour un temps qui n'excédera pas cinq ans.

Art. 19.

La gratification mentionnée en l'art. 10 sera prélevée sur le produit des amendes.

Le surplus desdites amendes sera attribué aux communes sur le territoire desquelles les infractions auront été commises.

Art. 20.

L'article 463 du Code pénal ne sera pas applicable aux délits prévus par la présente loi.

SECTION III.

De la poursuite et du jugement.

Art. 21.

Les délits prévus par la présente loi seront prouvés, soit par procès-verbaux ou rapports, soit par témoins, à défaut de rapports et procès-verbaux, ou à leur appui.

Art. 22.

Les procès-verbaux des maires et adjoints, commissaires de police, officier, maréchal-des-logis ou brigadier de gendarmerie, gendarmes, gardes-forestiers, gardes-pêche, gardes-champêtres, ou gardes assermentés des particuliers, feront foi jusqu'à preuve contraire.

Art. 23.

Les procès-verbaux des employés des contributions indirectes et des octrois, feront également foi jusqu'à preuve contraire, lorsque, dans la limite de leurs attributions respectives, ces agens rechercheront et constateront les délits prévus par le paragraphe premier de l'art. 4.

Art. 24.

Dans les vingt-quatre heures du délit, les procès-verbaux des gardes seront, à peine de nullité, affirmés par les rédacteurs devant le juge de paix ou l'un de ses suppléans, ou devant le maire ou l'adjoint, soit de la commune de leur résidence, soit de celle où le délit aura été commis.

Art. 25.

Les délinquans ne pourront être saisis ni désarmés; néanmoins s'ils sont déguisés ou masqués, s'ils refusent de faire connaître leurs noms, ou s'ils n'ont pas de domicile connu, ils seront conduits immédiatement devant le maire ou le juge de paix, lequel s'assurera de leur individualité.

Art. 26.

Tous les délits prévus par la présente loi seront poursuivis d'office par le ministère public, sans préjudice du droit conféré aux parties lésées, par l'article 182 du Code d'instruction criminelle.

Néanmoins, dans le cas de chasse sur le terrain d'autrui sans le consentement du propriétaire, la poursuite d'office ne pourra être exercée par le ministère public sans une plainte de la partie intéressée, qu'autant que le délit aura été commis dans un terrain clos suivant les termes de l'article 2 et attenant à une habitation ou sur des terres non encore dépouillées de leurs fruits.

Art. 27.

Ceux qui auront commis conjointement les délits de chasse, seront condamnés solidairement aux amendes, dommages-intérêts et frais.

Art. 28.

Le père, la mère, le tuteur, les maîtres et commettans, sont civilement responsables des délits de chasse commis par leurs enfans mineurs non mariés, pupilles demeurant avec eux, domestiques ou préposés, sauf tout recours de droit.

Cette responsabilité sera réglée conformément à l'article 1384 du Code civil, et ne s'appliquera qu'aux dommages-intérêts et frais, sans pouvoir toutefois donner lieu à la contrainte par corps.

Art. 29.

Toute action relative aux délits prévus par la présente loi sera prescrite par le laps de trois mois, à compter du jour du délit.

SECTION IV.

Dispositions générales.

Art. 30.

Les dispositions de la présente loi relatives à l'exercice du droit de chasse, ne sont pas applicables aux propriétés de la Couronne. Ceux qui commettraient des délits de chasse dans ces propriétés seront poursuivis et punis conformément aux sections II et III.

Art. 31.

Le décret du 4 mai 1812 et la loi du 30 avril 1790 sont abrogés.

Sont et demeurent également abrogés les lois, arrêtés, décrets et ordonnances intervenus sur les matières réglées par la présente loi, en tout ce qui est contraire à ses dispositions.

La présente loi, discutée, délibérée et adoptée par la Chambre des pairs et par celle des députés, et sanctionnée par nous cejourd'hui, sera exécutée comme loi de l'État.

DONNONS EN MANDEMENT à nos cours et tribunaux, préfets, corps administratifs et tous autres, que les présentes ils gardent et maintiennent, fassent garder, observer et maintenir, et, pour les rendre plus notoires à tous, ils les fassent publier et enregistrer partout où besoin sera; et, afin que ce soit chose ferme et stable à toujours, nous y avons fait mettre notre sceau.

Fait au palais des Tuileries, le troisième jour du mois de mai, l'an 1844.

LOUIS-PHILIPPE.

Par le Roi :

Le garde-des-sceaux de France, ministre secrétaire d'Etat au département de la Justice et des Cultes,

N. MARTIN (du Nord).

Vu et scellé du grand sceau :

Le garde-des-sceaux de France, ministre secrétaire d'Etat au département de la Justice et des Cultes,

N. MARTIN (du Nord).

COMMENTAIRE DE LA LOI

SUR

LA POLICE DE LA CHASSE.

SECTION Ire.

De l'exercice du droit de chasse.

Article 1er.

Nul ne pourra chasser, sauf les exceptions ci-après, si la chasse n'est pas ouverte et s'il ne lui a pas été délivré un permis de chasse par l'autorité compétente.

Nul n'aura la faculté de chasser sur la propriété d'autrui sans le consentement du propriétaire ou de ses ayant-droit.

1. Le permis de chasse est exigé pour l'exercice de toute espèce de chasse.

2. Ce qui constitue le fait de chasse à tir, c'est le port de l'arme quand il est joint à l'action de chercher ou d'attendre le gibier.

3. La chasse aux filets consiste dans la pose, l'emploi ou seulement le port d'un engin de destruction.

4. Ce qui constitue la chasse à courre n'est pas le fait insignifiant de suivre avec plus ou moins de vitesse l'animal qui a été lancé; c'est d'abord la recherche du gibier, et quand on l'a trouvé, c'est l'assistance qu'on donne à la meute qui doit le prendre; c'est l'impulsion et la direction qu'on s'efforce de lui imprimer.

5. Le chasseur doit justifier du permis de chasse à toute réquisition de l'autorité.

6. Tant que le propriétaire ne se plaint pas, son consentement se présume.

7. Le consentement du propriétaire n'a pas besoin d'être donné par écrit.

8. Le chasseur peut faire preuve que le consentement verbal lui a été donné.

9. Le droit de chasse ne peut pas être distrait de la propriété.

10. Néanmoins ce droit peut en être séparé momentanément par suite d'une vente, d'un bail ou de toute convention licite.

11. Le droit de chasse n'appartient au fermier que lorsqu'il lui a été cédé par une stipulation expresse.

12. Le fermier a le droit de détruire les animaux nuisibles.

13. Le fermier a le droit de poursuivre ceux qui

chassent sans permission sur la terre qui lui est louée. Il peut réclamer des dommages.

14. Les animaux sauvages n'appartiennent pas au propriétaire du fonds où ils ont été trouvés, mais bien à la personne qui les a tués ou qui les a pris.

1. Les premiers mots de la loi sont ceux qui soulèvent le plus de difficultés. *Nul ne pourra chasser... si*, etc.

La loi interdit l'exercice de la chasse lorsque certaines conditions ne sont pas accomplies. Quelle est la portée de cette interdiction? Quels sont les actes qui caractérisent l'exercice de la chasse?

Dans la séance du 22 mai 1843, lorsque cet article fut discuté pour la première fois devant la Chambre des pairs, un membre de cette assemblée adressa ces questions : « La » chasse au fusil sera-t-elle seule comprise » dans les dispositions de la loi, ou bien toute » chasse, même la chasse à courre, tombera- » t-elle sous le coup des conditions nouvelles » qui vont être imposées aux chasseurs? Suf- » fira-t-il, pour y être assujetti, de sortir à » cheval un fouet à la main? »

M. Franck-Carré, rapporteur, répondit « que, dans la pensée de la commission, les » conditions définies par l'article 1er du pro- » jet de loi doivent s'appliquer à tous les gen- » res de chasse, quels qu'ils soient. » (*Procès-*

verbal des séances de la Chambre des pairs, *session* 1843, *page* 1679.)

L'art. 1er du décret du 4 mai 1812 prononçait une amende de 30 à 60 francs contre quiconque était trouvé *chassant* sans être muni d'un permis de port d'armes. Quoique ces mots, *quiconque sera trouvé chassant*, présentent un sens fort étendu et semblent comprendre tous les genres de chasse, la Cour de cassation avait décidé, par un arrêt de rejet du 10 octobre 1828, que les dispositions du décret du 4 mai 1812 n'étaient applicables qu'à la chasse au fusil. (*Dalloz*, 1828, 1re *partie*, *page* 431.) Le but de la loi nouvelle est de changer cet état de choses, et l'exposé des motifs présenté à la Chambre des pairs, le 17 avril 1843, s'en explique de la manière suivante: « Les décrets (de 1810 et 1812) n'exigeaient » le permis que pour la chasse au fusil; le » projet l'exige pour toute espèce de chasse. » Voilà pourquoi nous avons substitué aux » mots : *permis de port d'armes de chasse*, » employés d'une manière restrictive par les » décrets de 1810 et de 1812, les expressions » plus générales : *permis de chasse.* »

L'exposé du projet de loi présenté à la Chambre des députés, le 26 mai 1843, n'est pas moins explicite sur cette question : « La Cham- » bre des pairs a approuvé et vous approuve-

» rez sans doute comme elle, Messieurs, la » proposition de supprimer le port d'armes » de chasse exigé par les décrets des 11 juillet » 1810 et 4 mai 1812, qui n'était applicable » qu'à la chasse au fusil, pour le remplacer » par le permis de chasse applicable à tous les » genres de chasse. » Ainsi donc, il ne peut y avoir de doute : l'exercice de toute espèce de chasse, soit à courre, soit au fusil, soit même au piége ou aux filets, dans les cas exceptionnels où cette dernière est autorisée, se trouve subordonné à l'obtention préalable du permis de chasse. Mais quels sont les actes qui, aux yeux de la loi, constitueront des faits de chasse ?

2. Le législateur ne s'est pas expliqué ; il a laissé à la jurisprudence le soin de le déterminer. A cet égard, tout est laissé à l'appréciation des tribunaux. Pour la chasse à tir, il existe déjà quelques arrêts, et la Cour de cassation s'est prononcée sur un petit nombre de questions. Ainsi, on a jugé qu'un seul coup de fusil, encore qu'il soit tiré sur un oiseau de proie et par le fils du fermier qui se tenait dans une avenue, constitue le délit de chasse, s'il n'y a pas eu permission du propriétaire. (*Arrêt de cassation*, 13 *novembre* 1818, *affaire Selves Ce Seigles. Dalloz, vo Chasse, section* 1re.)

On ne peut pas regarder des coups de fusil

tirés par un chasseur qui occupait momentanément une cabane servant d'abri ou de poste pour épier le gibier, comme tirés de l'intérieur d'une maison habitée. Ils constituent un fait de chasse. (*Arrêt de cassation*, 20 *juin* 1823 ; *Dalloz*, *v*° *Chasse*, *section* IV.—7 *mars* 1823 ; *Dalloz*, *v*° *Chasse*, *section* IV.)

Pour qu'un individu soit condamné comme convaincu d'un délit de chasse commis sur la propriété d'autrui, il n'est pas nécessaire qu'il y ait tiré sur le gibier, il suffit qu'il y soit trouvé en armes et portant le fusil dans l'attitude d'un chasseur. (*Cassation*, 13 *novembre* 1818, *B. off.*, *n.* 138.)

L'individu trouvé porteur d'un fusil *armé*, marchant dans le chemin de bornage d'une forêt, fait acte de chasse. (*Cassation*, 22 *Janvier* 1829. *Dalloz*, 1829, 1-117.)

Il résulte de ces deux arrêts que celui qui est dans la nécessité de passer sur le terrain d'autrui pour se rendre sur le sien, doit avoir son fusil désarmé et le tenir sous le bras ou en bandoulière ; il serait mieux encore de le porter la crosse sur l'épaule.

Le chasseur qui, porteur d'un fusil, regarde d'un chemin voisin ses chiens chasser sur le terrain d'autrui sans les rappeler ni les rompre, commet un délit de chasse. (*Cour royale de Rouen*, 17 *juin* 1831; *Dalloz*, 1840, 2e *partie*, *page* 193.)

Ce qui constitue le fait de chasse à tir, c'est donc le port de l'arme de chasse quand il est joint à l'action de chercher ou d'attendre le gibier.

3. Pour la chasse au piége, aux filets, vous trouverez encore un élément matériel qui viendra concourir à la confection du délit. Ce sera la pose, l'emploi ou simplement le port d'un engin de destruction. Ainsi, le fait de placer des collets ou de les relever constitue un fait de chasse. Un sieur Gabilot a été condamné par le tribunal de Senlis pour avoir été trouvé relevant des collets dans une forêt appartenant au prince de Condé. Ce jugement a été confirmé par le tribunal de Beauvais, et le pourvoi formé contre cette décision a été rejeté par arrêt du 8 mai 1824. (*Dalloz*, *v° Chasse*, 3e *section*.)

L'art. 12, de la présente loi, parag. 3, punit le fait seul de porter hors de son domicile un engin prohibé.

Un jugement du tribunal de Saint-Omer, réformant un jugement de Béthune, du 19 octobre 1840, rapporté par la *Gazette des Tribunaux*, a très sagement décidé que c'est chasser que de parcourir les champs porteur d'un filet non tendu, renfermé dans un sac, mais avec l'intention reconnue par le juge de déployer ce filet et de le tendre pour prendre du gibier.

Un arrêt de cassation, du 13 août 1840, a décidé que l'action de fureter dans un bois sans la permission du propriétaire, n'est pas un vol, mais un fait de chasse.

4. Dans tous ces faits, il y a un élément matériel dont la présence concourt à déterminer la conviction du magistrat; il y a un instrument de délit. Mais, dans le fait de chasse à courre, le plus souvent, le veneur ne s'embarrasse pas d'une arme qui ne lui servirait à rien. Alors il devient fort difficile de déterminer clairement ce qui constitue un fait de chasse à courre.

L'auteur du *Répertoire de Jurisprudence*, *v. Chasse*, pense que celui qui passe sur le fonds d'autrui pour arriver au sien ou à celui sur lequel il a droit, doit tenir ses chiens couplés ou en laisse. En effet, il est évident que, si les chiens que vous conduisez attaquent une pièce sur le terrain d'autrui, vous aurez commis un délit. Même sous l'empire de l'ordonnance de 1669, alors que le droit de suite appartenait à tout possesseur d'un fief, ce droit ne lui était reconnu qu'à la charge de lancer seulement sur son fief. Si vous menez ou si vous envoyez vos chiens quêter sur le terrain où vous n'avez pas droit de chasse, il y a délit. Ce point ne saurait donner lieu à une difficulté sérieuse.

Mais qu'il se prépare une de ces chasses élégantes qui sont des jours de fête pour tout un canton, peut-être on va venir de dix lieues à la ronde pour assister à cette solennité : exigera-t-on que tous ceux qui suivront la chasse aient obtenu un permis? Mettrez-vous sur le même rang les veneurs et les simples curieux? Confondrez-vous ceux qui ne sont venus que pour voir avec ceux qui sont venus pour agir? ou bien n'exigerez-vous le permis que du maître de l'équipage? Quel sera l'acte matériel qui distinguera le veneur du simple spectateur? Le plus souvent ils n'auront l'un et l'autre à la main qu'un fouet ou qu'un bâton pour écarter les branches qui les frapperaient au visage lorsqu'ils passeront sous bois. A quel signe donc les reconnaîtra-t-on?

Ces questions sont entièrement nouvelles; il n'existe aucun précédent; il est donc présumable que la jurisprudence restera quelque temps flottante avant de s'arrêter d'une manière définitive. Les tribunaux seront dans la nécessité d'apprécier quelles sont les opérations de la chasse à courre. Quels sont les actes de recherche, de poursuite et de prise du gibier qui la constituent.

Le piqueur ou le valet de limier qui, en temps de chasse, va faire le bois, accomplit l'acte le plus important de la vénerie : c'est lui qui cherche le gibier ; c'est de la manière dont il fait sa quête que dépend le sort de la journée. Evidemment il chasse, et le permis peut être exigé de lui. Si donc un garde ou un gendarme expose dans son procès-verbal qu'il vous a rencontré menant le limier à la botte et quêtant ainsi autour du bois, s'il rapporte qu'il vous a vu faire des brisées hautes ou basses, qu'il vous a vu ramasser des fumées, des moquettes ou des laissées ; s'il vous rencontre, à votre retour, les portant dans la corne de votre chapeau pour les présenter à l'assemblée, il aura valablement constaté un fait de chasse à courre. Mais si ce fait avait lieu en temps prohibé, alors qu'il ne peut être suivi d'aucun laisser-courre, ces opérations seules ne constitueraient pas un délit de chasse, car elles ne seraient pas destinées à préparer une chasse qui ne peut avoir lieu ; elles seraient seulement un exercice licite auquel se livrerait le veneur pour apprendre à devenir bon connaisseur ou pour dresser son limier.

Celui qui, à l'assemblée, reçoit le rapport, qui décide quel animal on doit attaquer, fait encore acte de chasse.

Tous ceux qui vont donner la bête aux chiens, tous ceux qui vont fouler l'enceinte. tous ceux qui sont porteurs de trompe ou qui parlent aux chiens, tous ceux qui, dans un change, vont rompre les chiens pour les ramener sur la voie, ceux qui, voyant sortir une pièce de gibier de l'enceinte, vont faire des brisées ; ceux qui, dans un défaut, prennent, avec la meute, les devans ou les derrières ; celui qui, à l'hallali, sert la bête, toutes ces personnes font évidemment acte de chasse, et le permis doit être exigé d'elles.

Mais, lorsque la prise a eu lieu, la chasse est terminée, celui qui défait l'animal pour donner la curée aux chiens ne fait pas un acte de chasse ; les personnes qui se bornent à courir, à cheval, à pied ou en voiture, sans parler aux chiens, sans porter de trompe, sont de simples spectateurs, et l'on ne saurait les assujettir à l'obligation de se munir d'un permis.

La question peut offrir plus de difficulté pour les valets de chiens ; cependant nous pensons qu'ils ne doivent pas être assujettis à l'obligation d'obtenir un permis. Toutes leurs fonctions consistent à soigner les chiens. S'ils s'occupent uniquement de tenir les relais, de les découpler quand l'ordre leur en est donné, ils ne font pas plus acte de chasse que le domestique qui vous apprête un cheval de relais : pas plus que le poteau après lequel vous auriez attaché la laisse de vos chiens. Le permis ne doit donc pas leur être demandé. Mais si, après avoir découplé ses hardes, le valet de chiens entre sous bois pour les appuyer de la voix, alors il empiète sur les fonctions du piqueur, et il doit, comme celui-ci, avoir obtenu un permis; car il fait un acte de chasse.

En résumé, ce qui constitue la chasse à courre n'est pas le fait insignifiant de suivre, avec plus ou moins de vitesse, l'animal qui a été lancé; nous le répétons, c'est d'abord la recherche du gibier, et, quand on l'a trouvé, c'est l'assistance qu'on donne à la meute qui doit le prendre, c'est l'impulsion et la direction qu'on s'efforce de lui imprimer.

5. *Si la chasse n'est pas ouverte*...(V. l'art. 3) *et s'il ne lui a pas été délivré un permis de chasse par l'autorité compétente.*

Non seulement le chasseur doit avoir obtenu le permis de chasse délivré par l'autorité, mais encore il doit en être porteur et le représenter à toute réquisition. A la vérité, un arrêt de cassation du 19 juin 1813 a décidé que l'individu trouvé chassant, qui a obtenu un permis de port d'armes, n'est pas en contravention par cela qu'il n'en est pas porteur lorsqu'il est sommé de l'exhiber ; il suffit qu'il en justifie postérieurement.

Mais il y a certainement une faute de la part du chasseur qui ne représente pas au garde le permis qu'il a obtenu. C'est cette faute qui donne lieu à la poursuite. En pareil cas, le chasseur pourrait encourir une condamnation de dépens. Nous savons bien que la Cour de Grenoble a jugé que le prévenu renvoyé de l'action ne doit pas être condamné aux dépens. (3 *janvier* 1827. *Sirey*, 28. 2. 32.) La Cour royale de Bordeaux, par un arrêt en date du 17 janvier 1839, rapporté par Dalloz, année 1839, a décidé qu'il ne peut intervenir aucune condamnation de dépens contre un chasseur, bien qu'il n'eût pas justifié de son permis de chasse au moment où il en avait été requis, pourvu qu'il eût antérieurement obtenu le permis et qu'il en eût justifié postérieurement. Néanmoins, tous les tribunaux n'interprèteraient peut-être pas le décret de 1812 et l'art. 194 du Code d'instruction de la même manière. Une condamnation aux dépens, prononcée dans ces circonstances, serait parfaitement raisonnable, et la Cour de cassation, par des arrêts des 24 décembre 1819, 11 février 1820, 7 mars et 26 novembre 1823, a jugé que le chasseur qui ne justifie pas de son permis de port d'armes au moment où les gardes ou gendarmes le lui demandent, doit les frais faits jusqu'à ce qu'il en ait justifié. Ces décisions sont parfaitement équitables. Ainsi donc, le chasseur doit toujours être en mesure de justifier de son permis. S'il ne le fait pas par crainte d'une peine, qu'il le fasse par respect pour la loi et pour l'autorité. (V. les art. 5, 6, 7, 8 pour ce qui concerne la délivrance des permis de chasse.)

6. *Nul n'aura la faculté de chasser sur la propriété d'autrui sans le consentement du propriétaire ou de ses ayant-droit.*

Peu importe le plus ou moins d'étendue de la propriété. Un tribunal ne peut, sans violer la loi, se dispenser d'appliquer les peines prononcées contre les délits de chasse, sous prétexte que la propriété est de peu d'étendue. (*Cour de cassation*, 25 *avril* 1828. *Dalloz*, 1828. 1-227.)

Ces dispositions de la loi nouvelle sont empruntées à l'art. 1er du décret des 28 et 30 avril 1790. On a seulement changé la rédaction sans en modifier le sens d'une manière notable. Le décret de 1790 était ainsi conçu : « Il est défendu à toute personne de chasser » en quelque temps et de quelque manière » que ce soit sur le terrain d'autrui, sans son » consentement... »

Sous l'empire de cette législation, jusqu'à preuve contraire, le consentement du propriétaire était présumé avoir été donné. La loi nouvelle n'a rien changé à cet égard. Lors de la discussion devant la chambre des députés, M. Barillon avait proposé d'insérer dans l'article, ces mots : « Nul n'aura la faculté de » chasser sans le consentement, *exprès ou ta-* » *cite*, du propriétaire. » Cet amendement fut rejeté comme inutile. Et, en effet, puisque l'art. 26 de la loi ne permet de poursuivre que sur la plainte de la partie intéressée, il est évident que tant que cette plainte n'est pas intervenue, le fait du chasseur est considéré comme innocent, et la permission est présumée avoir été accordée par le propriétaire.

7. C'est donc à tort que Fournel veut que la permission de chasse soit donnée par écrit, et que le chasseur soit tenu de l'exhiber aux agens de l'autorité. C'est une obligation que la loi n'impose pas au chasseur, et qu'il n'est pas possible de lui imposer. La permission qui n'est que verbale est parfaitement valable. Seulement, dans ce cas, le chasseur s'en rapporte à la bonne foi du propriétaire ; et si celui-ci venait à rendre une plainte, ce serait au chasseur à prouver que la permission lui avait été donnée.

8. Il peut faire cette preuve par toutes les voies de droit ; car au criminel, et il est ici question de délit, la preuve de la circons-

tance qui rend l'action du prévenu innocente doit être cherchée par tous les moyens possibles. S'il ne reste pas d'autre ressource au chasseur, il peut déférer le serment au propriétaire qui nie lui avoir donné la permission verbale. Cela a été décidé par la Cour royale de Paris, le 14 mai 1828, conformément aux conclusions du ministère public. Voici les termes de cet arrêt, qui serait encore parfaitement applicable :

« Attendu que le fait de chasse sur la pro-
» priété d'autrui, en temps non prohibé, ne
» peut constituer un délit qu'autant que le
» propriétaire a porté plainte ; que le délit qui
» peut en résulter étant d'une nature mixte et
» poursuivi principalement dans l'intérêt de
» la partie civile, le serment décisoire peut
» être déféré comme moyen de preuve pour
» arriver à la découverte de la vérité ; etc. »
(*Courrier des Tribunaux du jeudi* 15 *mai* 1828.)

Lorsque la permission a été donnée au chasseur par le propriétaire, il n'y a pas de délit de chasse ; tous les dégâts que le chasseur peut commettre en usant de cette permission ne sauraient donner lieu qu'à une action civile et jamais à une poursuite correctionnelle. (*Cassation*, 13 *juillet* 1810. — *Dalloz*, *v°. Chasse*, 2e *section*.)

9. Il faut avoir obtenu la permission ou expresse ou tacite du propriétaire, et, par ce dernier mot, la loi entend celui en qui réside la propriété du droit de chasse.

Par son décret du 4 août, l'assemblée nationale a détruit entièrement le régime féodal, et la division de la propriété en domaine utile et en domaine direct ne peut plus être rétablie. Ce serait porter atteinte à ce principe fondamental de notre organisation sociale que de diviser la propriété de manière que l'un eût le fonds, et l'autre une espèce de faculté seigneuriale qui lui permettrait de chasser sur un fonds qui ne lui appartiendrait pas.

Ce partage constituerait une servitude sur un fonds au profit d'une personne, ce qui est formellement défendu par l'art. 686 du Code civil. Aussi, dit Fournel, dans son *Traité des Lois Rurales* : « Le droit de chasse est inhérent à la propriété rurale et n'en peut être » distrait. »

10. Cette proposition néanmoins ne doit s'entendre que d'une séparation absolue et perpétuelle ; mais la séparation purement temporaire de la propriété et du droit de chasse peut avoir lieu d'une manière très licite.

Lorsque la propriété est divisée en usufruit et en nu-propriété, c'est à celui qui a la jouissance actuelle que le droit appartient : à l'usufruitier, à l'emphytéote. Tel est du moins l'avis de Toullier, tome IV, n° 19.

Le droit de chasse est susceptible d'être vendu ou donné à bail, aucune loi n'en prohibant l'aliénation. (*Cour de Rouen*, 9 *novembre* 1826. — *Dalloz*, 1830, 2—177).

Comme tout ce qui est dans le commerce, le droit de chasse peut être loué ou vendu, mais seulement pour un temps déterminé. (*Cour de cassation*, 21 *janvier* 1837.)

11. Mais il faut que cette aliénation du droit de chasse ait été formellement stipulée ; elle n'est pas comprise dans le bail que le propriétaire consent au profit de son fermier, si aucune convention sur ce point n'a été consignée dans le bail.

Le droit de chasse n'appartient au fermier qu'autant qu'il lui a été conféré expressément par le propriétaire. (*Cour de Paris*, 19 *mars* 1812. — *Dalloz*, *v° chasse*, 1re *section*).

Le droit exclusif de chasser sur une terre, s'il n'a pas été expressément concédé au fermier, appartient au propriétaire. En conséquence, est passible du délit de chasse sur le terrain d'autrui, le particulier qui a chassé en vertu d'une permission émanée, non du propriétaire, mais seulement du fermier. (*Cour de cassation*, *arrêt de rejet*, 12 *juin* 1828. — *Dalloz*, 1828, 1—282.)

Un seul coup de fusil, encore qu'il soit tiré sur un oiseau de proie et par le fils du fermier, constitue le délit de chasse s'il n'y a pas eu permission du propriétaire. (*Arrêt de cassation*, 13 *novembre* 1818, *déjà cité.* — *Dalloz*, *v° chasse*, 1re *section.*)

Le droit de chasse est tellement inhérent à la propriété, que si le propriétaire a loué ou vendu le droit de chasse sur sa terre, et que, malgré ce bail ou cette cession, il donne une permission de chasse, la personne qui a fait usage de cette permission, de bonne foi, et sans connaître la cession précédente, ne commet pas de délit. Il n'y a lieu qu'à une action civile entre le propriétaire et son cessionnaire. (*Cour de Colmar*, 29 *décembre* 1821. — *Dalloz*, *v° chasse*, 1re *section.*)

Nous croyons même qu'il faut pousser plus loin les conséquences du principe appliqué dans cette décision, car il forme la base de la loi. Le droit de chasse est inhérent à la propriété; si donc le propriétaire, en vertu d'un bail ou d'une cession, a renoncé à ce droit que la loi lui concède, et que cependant il chasse, il ne commet pas une infraction de la loi, par conséquent il n'y a pas de délit. Il ne saurait être poursuivi pour ce fait en police correctionnelle. Il y a seulement de sa part inexécution d'une convention privée; cette inexécution peut motiver une demande en dommages-intérêts. Mais cette demande doit être portée devant les tribunaux civils; car les tribunaux criminels ne peuvent, en aucune manière, s'occuper de la manière dont une convention privée est exécutée.

12. Le fermier, quoiqu'il n'ait pas la faculté de chasser, peut cependant repousser ou détruire les animaux qui nuisent à ses récoltes. Sous le décret de 1790, cela résultait en sa faveur des dispositions de l'art. 15. Ainsi, on a jugé, sous l'empire de cette législation, que le fermier pouvait tendre des collets pour défendre le produit de ses terres, lors même que son bail lui interdisait tout recours pour le dégât commis par le gibier. (*Cour de Paris*, *Gazette des Tribunaux*, *août* 1839.)

On a jugé également que le fermier pouvait tendre des collets pour défendre ses récoltes, lors même que le propriétaire s'était réservé expressément le droit de chasse, (*Cour de Paris*, 21 *août* 1841. *Dalloz*, 1841, 2—27), mais les dispositions de la loi nouvelle modifient cet état de choses sans le changer entièrement. L'usage des collets et des filets est prohibé par l'art. 9 de la loi. Le fermier conserve le droit de détruire les animaux nuisibles, mais il est tenu de se conformer, pour l'exercice de ce droit, aux arrêtés qui doivent être rendus sur cette matière par les préfets, en exécution du paragraphe 3 de l'art. 9.

Ce n'est pas contre le gibier seulement que le fermier a le droit de défendre la terre qui lui est louée, il a le pouvoir d'en interdire l'accès à tous ceux qui n'ont aucun droit à exercer sur cette terre. Il est donc recevable à poursuivre ceux qui viendraient y chasser sans permission. (*Cassation*, 9 *avril* 1836. *Sirey*, 36. 1—844.)

13. La Cour de cassation de Bruxelles a jugé que le fermier a qualité pour porter plainte à raison d'un délit de chasse commis sur le terrain qui lui est affermé. (*Bruxelles*, 6 *novembre* 1822.— *Dalloz*, *V. Chasse*, *section* II.)

Le fermier qui n'a pas le droit de chasser sur le fonds affermé, n'a pas moins une action en dommages devant les tribunaux ordinaires, lorsque la chasse a nui à ses récoltes. (*Angers*, 14 *août* 1826. *Sirey*, 27-2-4.)

14. Les animaux sauvages n'appartiennent pas au propriétaire du fonds, mais bien à la personne qui les a pris ou qui les a tués. *Feræ igitur bestiæ et volucres et pisces et omnia animalia quæ mari, cœlo et terra nascuntur, simul atque ab aliquo capta fuerint, jure gentium statim illius esse incipiunt ; nec interest feras bestias et volucres utrum in suo fundo*

quis capiat an in alieno. (*Instit. de Rerum div. et aq. earum dom.* § 12.)

Le propriétaire du fonds n'a aucun droit sur le gibier tué par le délinquant sur le terrain non clos, car ce gibier n'est pas sa propriété, mais bien celle du chasseur à titre d'occupation. (Fournel, *Lois rurales.*) Ces principes consacrés par le droit romain et par la législation de 1790, sont encore ceux de la loi actuelle. Lors de la discussion devant la Chambre des pairs, à la séance du 28 mars 1844, M. le comte Beugnot a présenté un amendement à l'art. 4 de la loi pour faire ordonner la saisie du gibier transporté ou mis en vente en temps prohibé, mais il a été bien expliqué que le gibier ne pouvait jamais être saisi que pour ce genre de contravention. « Je prie la cham- » bre de remarquer, dit M. le comte Beu- » gnot, qu'il ne s'agit pas ici de gibier saisi » sur le chasseur. Dans aucun cas, il ne pourra » l'être, ainsi qu'un article subséquent l'indi- » que. Il ne s'agit que du gibier saisi dans » le cas de l'art. 4, c'est à dire quand il y a » mise en vente, transport ou colportage. » (*Moniteur du* 29 *mars* 1844.)

Mais si le gibier n'appartient pas au propriétaire du fonds, les tribunaux peuvent, lors de la fixation des dommages-intérêts, prendre en considération la nature et la quantité des pièces qui ont été tuées par le chasseur. La loi actuelle laisse à cet égard une entière latitude aux magistrats (art. 16, § dernier.) Le gibier mort est la propriété du chasseur, et celui qui s'empare du gibier tué ou tellement blessé qu'il ne peut fuir, se rend coupable de vol. (*Puffendorf. livre* IV, *ch.* 6, *n*° 10. — *Pothier, Traité de la propriété, n*° 26.) Mais quand le gibier court encore, quand il est *in laxitate naturali*, suivant les termes de la loi romaine, il n'y a pas de vol. Cela a été ainsi jugé par le tribunal de police correctionnelle de Paris, le 8 avril 1840. (*Gazette des Tribunaux du* 9 *avril* 1840.)

La chasse aux filets et aux collets est maintenant absolument prohibée, on ne saurait donc soutenir que le gibier pris au collet appartient à celui qui a tendu ce collet, et cette décision de Pothier est parfaitement conforme à l'esprit de la loi actuelle : « Dans » notre jurisprudence, celui qui aurait tendu » un piége ou des collets dans un lieu où il » n'a pas droit d'en tendre, ne serait pas » écouté à prétendre que le gibier qui s'y se» rait pris lui appartenait, ni à intenter au» cune action contre ceux qui s'en seraient » emparés. »

Le gibier appartient au chasseur, mais il faut pour cela que ce gibier se soit trouvé en liberté au moment où le chasseur s'en est emparé.

Il en serait autrement si le gibier avait été tué dans un terrain clos d'où il ne pouvait sortir, parce que dans ce cas il était le captif du propriétaire qui le tenait sous sa main. Le chasseur n'a pas pu acquérir par l'effet de sa contravention plus de droit sur ce gibier, que n'en aurait un voleur sur le meuble qu'il aurait dérobé dans l'habitation. (*Fournel*, *Lois rurales*, *vol.* Ier, *p.* 29.)

Art. 2.

Le propriétaire ou possesseur peut chasser ou faire chasser en tout temps, sans permis de chasse, dans ses possessions attenant à une habitation et entourées d'une clôture continue faisant obstacle à toute communication avec les héritages voisins.

1. La prohibition de la loi est absolue : on ne doit chasser ni quand la chasse n'est pas ouverte,

ni quand on n'a pas obtenu de permis ; seulement, par respect pour l'inviolabilité du domicile, le fait de chasse qui aura lieu dans l'intérieur de l'habitation ou de l'enclos qui s'y trouve lié ne sera ni constaté ni puni.

2. Il faut que la clôture forme un obstacle capable d'arrêter non seulement les hommes, mais encore les chiens.

3. Il faut que l'obstacle soit continu. Il suffit qu'il y ait une brèche dans le mur, une baie qui soit dégarnie de sa porte pour que la propriété ne soit plus considérée comme close.

4. Une île entourée par une rivière navigable n'est pas une propriété close.

5. L'habitation dont il est question dans la loi ne peut être ni une loge, ni une cabane mobile, il faut qu'elle soit réellement destinée à servir de demeure.

6. Le droit de chasse dans l'enclos attenant à la ferme appartient au fermier.

7. Si le fermier par son bail renonce à ce droit de chasse et que cependant il chasse malgré cette renonciation, il ne commet pas un délit. Il est seulement passible de dommages-intérêts qui peuvent motiver une action civile.

8. La présente loi ne permet pas de tirer des armes à feu dans l'intérieur des villes, lorsque cela est défendu par des arrêtés administratifs.

1. Sous l'empire du décret de 1790, le propriétaire avait droit de chasser en tout temps

dans ses propriétés closes de murs ou de haies vives, sur ses lacs et étangs, dans ses bois et forêts ; nulle autre condition ne lui était imposée par le décret de 1790. Il suffisait que la propriété fût close pour que le chasseur pût y chasser en tout temps.

Le décret de 1812 est intervenu qui a assujetti tout chasseur à l'obligation d'obtenir un permis de port d'armes pour chasser, même dans sa propriété close, même en temps permis. Les tribunaux appelés à se prononcer sur cette prohibition absolue de la chasse, lorsqu'on n'était pas muni d'un permis de port d'armes, ont déclaré que le port-d'armes dans l'intérieur d'une habitation n'était pas un fait de chasse, et ils ont assimilé à l'habitation elle-même l'enclos qui s'y trouve lié. C'est dans ce sens que la cour de Cassation a rendu cet arrêt cité par M. Isambert à la séance de la Chambre des députés du 13 février 1844.

« Vu le décret du 4 mai 1812 ; attendu que » le texte de l'article est général et qu'il ne » fait aucune distinction... Que si l'on excepte » de cette règle le cas où le port et l'usage » d'armes de chasse ont eu lieu dans un en- » clos fermé au public, lié à une maison d'ha- » bitation, ne formant avec elle qu'un corps » de propriété dont les deux parties se com- » muniquent sans intermédiaire, en telle sorte

» que cet enclos soit un accessoire et une dé-
» pendance de l'habitation, c'est qu'en ce cas
» l'enclos est envisagé comme l'habitation,
» elle-même et que le port et l'usage d'armes
» de chasse dans l'intérieur d'un lieu habité.
» ne peuvent être assimilés au fait de chasse
» prévu par le décret du 4 mai 1812. »

Ainsi donc, sous l'ancienne législation, deux cas pouvaient se présenter. Si le chasseur était muni d'un permis de port d'armes, il pouvait, en tout temps, chasser dans sa propriété close. C'est dans ce sens que la cour royale de Dijon a décidé qu'un terrain est clos, en matière de chasse, s'il est entouré d'une des clôtures déterminées par l'art. 6, sect. 4, titre 1er de la loi du 28 septembre 1791. (*Dijon*, 15 *septembre* 1828.)

Si le chasseur n'était pas muni d'un permis de port d'armes, il ne pouvait chasser que dans le clos attenant à la maison d'habitation. Cela se trouve décidé par de nombreux arrêts de la cour de Cassation, en date des 7 et 21 mars 1823, 28 février 1827, 28 mai 1836. 26 avril 1839, 11 juin 1841. C'est aussi dans ce sens qu'il faut entendre cet arrêt rapporté par Dalloz, v° chasse : « Il n'y a point de délit de chasse dans l'action du fermier qui, chargé par le propriétaire de détruire les animaux qui pourraient commettre des dégâts, a été trouvé armé dans un jardin clos renfermé dans l'enceinte de l'habitation. »

La loi nouvelle n'admet point cette distinction entre les terres closes et celles qui ne le sont pas ; elle défend de chasser même dans les clos, même dans les bois, même sur les étangs, quand la chasse n'est pas ouverte ou quand on n'a pas obtenu un permis de chasse. Voilà le droit général. Seulement, par respect pour l'inviolabilité du domicile, la loi décide que le fait de chasse qui a lieu dans la dépendance de l'habitation, ne doit être ni constaté ni puni. Voici comment s'exprimait M. le rapporteur devant la Chambre des pairs :

« En déclarant, dans l'art. 2 du projet de loi, » que le propriétaire ou possesseur peut chasser ou faire chasser en tout temps, sans permis de chasse, dans ses possessions attenant » à une habitation et entourées d'une clôture » continue faisant obstacle à toute communication avec les héritages voisins, le gouvernement et les chambres n'ont assurément » pas voulu conférer un privilége aux propriétaires de parcs. Les propriétés closes ne sont » pas d'une autre nature que les propriétés » dont l'accès est ouvert. Il n'y a pas, en » France, deux sortes de propriétés privées » dont les unes puissent avoir des prérogatives, » des faveurs, des priviléges en un mot, qui

» n'appartiendraient point aux autres. Aussi, » Messieurs, l'article du projet de loi ne fait-il » que reconnaître et constater un fait sans » créer un droit : il place, si l'on veut, l'ex- » ception à côté de la règle, mais à condition » que l'exception sera renfermée dans ses ter- » mes et non étendue au delà. Son but est de » ne pas permettre des recherches, des inves- » tigations qui seraient toujours vexatoires et » souvent illicites. C'est la continuation du » domicile ou plutôt c'est le domicile lui- » même qui est protégé par ses dispositions. » Voilà pourquoi il ne s'applique qu'aux pro- » priétés attenant à une habitation et entou- » rées d'une clôture continue faisant obstacle » à toute communication avec les héritages » voisins. Il y a là une sorte de huis-clos im- » pénétrable dont, en matière de chasse, la loi » pouvait concéder le bénéfice au propriétaire, » mais rien de plus. »

M. de Ressigeac, membre de la commission de la Chambre des députés, s'exprimait ainsi à la séance du 13 février 1844.

« Quelle est la considération principale qui » détermine votre commission ? La voici, » Messieurs : c'est le respect du domicile, » l'inviolabilité du domicile. »

2. L'exception consacrée par l'art. 2 est une dérogation au principe général de la loi. Elle

est par conséquent de droit strict et doit être restreinte dans les limites les plus étroites. La clôture doit donc être bien exactement celle définie par le législateur : il faut qu'elle fasse obstacle à toute communication avec l'héritage voisin. Si la propriété n'est fermée que par une haie qui permette aux chiens de sortir, elle ne forme pas une clôture suffisante ; car le gibier peut fuir dans la campagne, les chiens peuvent l'y suivre et le fait de chasse qui, pour rester innocent, doit être limité à l'intérieur du clos, peut se manifester au dehors.

La loi du 28 septembre 1791 avait ainsi défini la clôture : « L'héritage sera réputé clos » lorsqu'il sera entouré d'un mur de quatre » pieds de hauteur, avec barrière ou porte, ou » lorsqu'il sera exactement fermé et entouré » de palissades ou treillages, ou d'une haie » vive, ou d'une haie sèche faite avec des » pieux et cordelée avec des branches, ou de » toute autre manière de faire les haies en » usage dans chaque localité, ou enfin d'un » fossé de quatre pieds de large au moins à » l'ouverture et de deux pieds de profon- » deur. »

La plupart de ces clôtures seraient aujourd'hui complètement insuffisantes ; un fossé eût-il une largeur plus grande que celle fixée par la loi de 1791, n'arrêtera jamais ni le gibier, ni les chiens, ni le chasseur. Il faut cependant que la clôture empêche le passage non seulement d'un homme, mais encore d'un lièvre et de la meute ; car la loi dit que la clôture doit former un obstacle à *toute* communication, et il y a communication possible quand les chiens ou le gibier ont la faculté de passer.

3. Il faut que la clôture forme un obstacle continu. Sous l'empire du décret de 1790, on avait jugé qu'un terrain ne cessait pas d'être clos parce qu'il y avait des brèches qui permettaient de s'y introduire. On avait décidé que ces brèches n'empêchaient pas que le propriétaire eût le droit d'y chasser sans être muni d'un permis de port d'armes. (*Cour de Paris*, 6 *novembre* 1828. Dalloz. 1829-2-97.)

Cette décision était conforme aux dispositions de l'art. 391 du Code pénal qui définit l'enclos : « Tout terrain environné de fossés, » de pieux, de claies, de planches, de haies » vives ou sèches, ou de murs de quelques » matériaux que ce soit ; quelles que soient la » hauteur, la profondeur, la vétusté, la dé- » gradation de ces diverses clôtures, quand il » n'y aurait pas de portes fermant à clé ou » autrement, ou quand la porte serait à claire- » voie et ouverte habituellement. »

Aux termes de la loi nouvelle, pour que le fait de chasse qui a lieu en temps prohibé ou sans permis échappe à l'application de toute peine, il faut que l'obstacle qui empêche la communication avec les héritages voisins soit continu ; s'il y a des brèches, des trouées qui puissent livrer passage, la clôture ne remplit pas le vœu de la loi.

4. Il a été jugé qu'une île située au milieu d'une rivière navigable n'est pas un enclos, car la rivière navigable a été assimilée, par la loi du 29 floréal an x, à une grande route. (*Arrêt de Cassation du* 12 *février* 1830. *Dalloz*, 1830, 1—123.)

5. L'exception établie par l'art. 2 ne l'a été que par respect pour l'inviolabilité du domicile. On ne doit donc considérer comme habitation, dans le sens de cette loi, que la maison qui peut constituer réellement un domicile. Aussi la définition de la maison habitée, telle qu'elle se trouve dans le Code pénal, ne serait pas applicable ici. Le Code définit ainsi la maison habitée : « Est réputée maison habi-
» tée, tout bâtiment, logement, loge, cabane,
» même mobile, qui, sans être actuellement
» habité, est destiné à l'habitation, et tout ce
» qui en dépend, comme cours, basses-cours,
» granges, écuries, édifices qui y sont enfer-
» més, quel qu'en soit l'usage et quand même

» ils auraient une clôture particulière dans la » clôture ou enceinte générale. »

Il résulte évidemment des débats qui ont eu lieu dans les deux Chambres, que le but des législateurs a été de restreindre la chasse en temps prohibé ou sans permis de chasse, à l'enclos qui fait partie du domicile. Or, cette intention de la loi serait éludée si, pour avoir le droit de chasser dans un enclos, il suffisait d'y rouler une cabane mobile ou d'y élever une loge. Il faut que l'enclos soit réellement partie intégrante de la demeure du fermier, du colon, du métayer, du locataire, du garde ou du propriétaire. La cour de Cassation a déjà décidé, sous l'empire du décret de 1790, que des coups de fusil tirés par un chasseur qui occupait momentanément une cabane servant d'abri pour épier le gibier, ne peuvent être considérés comme tirés d'une maison d'habitation (7 *mars et* 20 *juin* 1823). Cette solution se trouve en parfaite harmonie avec le texte et avec l'esprit de la loi nouvelle.

6. C'est au domicile que l'art. 2 de la loi accorde une immunité, mais c'est au domicile seulement; il en résulte que le droit exclusif de chasser dans l'enclos appartient à celui dont l'enclos forme le domicile, c'est à dire au fermier, pour le clos attenant à la ferme. En effet, tout citoyen a le droit d'interdire à

autrui l'accès de son domicile et il a seul droit d'y agir en maître. Aussi, la loi n'a-t-elle pas, dans cet article, parlé seulement du propriétaire. Elle concède le droit de chasse au possesseur, et le fermier possède, à titre précaire, il est vrai, mais il possède.

7. Le fermier ou locataire peut renoncer, par son bail, à cette faculté que la loi lui attribue. S'il chasse malgré cette renonciation, il n'y aura pas, de sa part, infraction de la loi, et ce fait ne pourra pas être l'objet d'une poursuite correctionnelle ; il y aura seulement inexécution d'une obligation de ne pas faire qui devra se résoudre en dommages-intérêts et qui pourra donner lieu seulement à une action civile.

8. La présente loi règle seulement l'exercice de la chasse, elle ne déroge ni aux autres lois de police ni aux arrêtés de l'autorité municipale ou administrative qui défendent de tirer des armes à feu dans l'intérieur des villes. A la séance du 12 février 1844, M. Barillon avait demandé que cette explication fût insérée dans la loi ; mais, sur l'observation de M. le garde-des-sceaux que cela était de droit, l'amendement de M. Barillon ne fut pas mis aux voix.

Art. 3.

Les préfets détermineront, par des arrêtés publiés au moins dix jours à l'avance, l'époque de l'ouverture et celle de la clôture de la chasse, dans chaque département.

1. Pour le département de la Seine et pour les communes de Saint-Cloud, de Sèvres et de Meudon, ces arrêtés seront pris par le préfet de police.

2. L'époque de l'ouverture ou de la fermeture de la chasse peut-elle être différente pour les différentes communes d'un même département?

3. Dans tous les cas, la fixation de cette époque doit être faite par le préfet qui ne peut pas déléguer aux maires le droit de la reculer.

4. Le préfet n'a plus le droit de dire que la chasse sera ouverte seulement sur les terres dépouillées de leurs récoltes. Quand la chasse est ouverte dans une localité, elle est ouverte sur toutes les terres qui s'y trouvent, qu'elles soient ou qu'elles ne soient pas dégarnies de leurs fruits.

5. Le délai de dix jours qui est exigé entre la publication des arrêtés des préfets et l'ouverture ou la clôture de la chasse n'est pas nécessaire pour l'exécution des autres arrêtés des préfets pris en exécution de l'art. 9.

1. La loi du 28 pluviôse an VIII a créé pour la ville de Paris un préfet de police. Un arrêté du 3 brumaire an IX étend ses attributions aux communes de Saint-Cloud, de Meudon et de Sèvres. C'est ce magistrat qui, pour la circonscription de la préfecture de la Seine, doit rendre les arrêtés relatifs à l'ouverture et à la clôture de la chasse.

2. Si l'on ne consulte que le texte de l'art. 3, on peut en tirer la conséquence que les arrêtés des préfets relativement à la chasse doivent fixer la même époque d'ouverture pour toutes les parties d'un département. Il est dit : les préfets fixeront l'ouverture pour chaque département, et ce texte semble ne laisser aucun doute. Cependant les explications consignées dans le rapport présenté à la Chambre des députés, attribuent à la loi un sens différent. « L'époque de cette ouverture, dit M. le rapporteur, doit varier sur les différens points du royaume en raison de la configuration du sol, du mode de culture adopté dans chaque département et même dans chaque arrondissement d'un département. »

M. le garde-des-sceaux, à la séance de la Chambre des députés du 12 février 1844, a été encore plus loin, et il a avancé que l'arrêté du préfet peut fixer une époque différente d'ouverture pour les diverses communes d'un même canton. « Il est bien certain, a-t-il dit, que » dans un grand département il y a des arron» dissemens qui sont beaucoup plus avancés » que d'autres; aussi il arrive qu'il y a des » époques différentes pour différens arrondis» semens et même pour différentes communes. » Cependant ces explications ne sauraient changer le sens de la loi, lorsque ce sens est clairement exprimé. Les tribunaux ne doivent appliquer que le texte de la loi, et toutes les interprétations données à la tribune, tous les commentaires consignés dans un rapport ne sauraient prêter aux mots une valeur qu'ils n'ont pas; quand l'article dit les préfets détermineront l'époque de l'ouverture et celle de la clôture dans chaque département, la loi ne semble pas permettre que cette fixation puisse être fractionnée. Et d'ailleurs si la Chambre a voté l'art. 2 sous l'impression qu'elle avait reçue des explications données par M. le garde-des-sceaux, il faut reconnaître qu'en votant l'article suivant elle a changé de pensée et qu'elle a rendu à l'art. 3 le sens qu'il avait primitivement. En effet le 1er § de l'art. 4 est ainsi conçu :

« *Dans chaque département* il est interdit » de mettre en vente, de vendre, d'acheter, de » transporter et de colporter du gibier pendant » le temps où la chasse *n'y* est pas permise. »

Cet article n'admet pas la possibilité que la chasse soit ouverte dans quelques communes d'un département et fermée dans les autres. Car c'est dans *chaque département* qu'il est interdit de vendre le gibier pendant que la chasse *n'y* est pas permise, et non dans une partie de chaque département. Ceci n'est pas une simple dispute de mots. Et si vous permettez de fixer des époques différentes pour l'ouverture dans les diverses communes d'un département, l'article 4 devient inexécutable ou du moins la prohibition qu'il contient est purement comminatoire.

En effet, de deux choses l'une : ou la prohibition de vendre et de transporter resterait générale pour tout le département quand la chasse serait déjà permise dans quelques communes, et on arriverait à ce résultat absurde que dans quelques communes d'un département on pourrait librement chasser, mais qu'on n'y pourrait pas transporter de gibier.

Ou bien la prohibition de transporter se scinderait et ne frapperait que les communes, où la chasse serait interdite, et, dans ce cas, les braconniers se jetteraient sur ces communes, qu'ils dévasteraient ; ils porteraient ensuite leur gibier dans les communes où la vente serait licite. Ce serait une véritable prime qu'on aurait établie en faveur du braconnage: un semblable résultat n'est pas moins en contradiction avec l'esprit qu'avec l'interprétation littérale de la loi.

Nous pensons donc qu'il résulte des dispositions de l'art. 3 conférées avec celles du § 1er de l'art. 4, que les préfets n'ont pas la faculté de fixer une époque d'ouverture différente pour les diverses parties d'un même département; mais si nous nous trompons sur le sens de l'art. 3, si les préfets ont la faculté que nous leur dénions, il faut espérer qu'ils auront la sagesse de ne pas en faire usage, autrement leurs arrêtés pourraient devenir un immense embarras pour l'application de la loi.

3. Dans tous les cas il faudrait que ces fixations fussent faites par le préfet lui-même. Il ne peut pas, en déterminant l'époque de l'ouverture, déléguer aux maires le pouvoir de reculer cette époque. La discussion qui a eu lieu ne saurait laisser aucune ambiguité. M. Barillon avait proposé une disposition ainsi conçue :

« En aucun cas ils (*les préfets*) ne pourront » déléguer aux maires l'autorité qui leur est » conférée par le présent article. »

M. le garde-des-sceaux. C'est une disposition inutile, il n'y a pas besoin de le dire.

M. Barillon. Si je l'ai dit, c'est que je connais un département, celui de l'Oise, où cela est nécessaire.

C'est seulement depuis deux ans que le préfet ne peut pas déléguer aux maires le droit d'ouvrir la chasse. Jusqu'alors c'était un usage constant; le préfet fixait l'ouverture générale de la chasse, mais il accordait aux maires le droit de la retarder; ainsi les préfets déléguaient aux maires l'autorité que la loi donne aux préfets seuls.

M. le garde-des-sceaux. Je crois que l'article est tout-à-fait inutile. Il est bien clair qu'un préfet ne peut déléguer le droit que la loi lui attribue que quand la faculté de déléguer est accordée par la loi. Or, cette faculté n'étant pas donnée, le préfet doit exercer lui-même le droit qu'il a d'ouvrir et de clore la chasse, c'est là la législation.

Par suite de ces explications l'amendement n'a pas été mis aux voix comme inutile.

4. Le décret de 1790 punissait des mêmes peines la chasse en temps prohibé ou la chasse dans les récoltes. Aussi, dans presque tous leurs arrêtés, les préfets déclaraient-ils que la chasse n'était ouverte que sur les terres dégarnies de leurs fruits, et on poursuivait comme ayant chassé en temps prohibé tous ceux qui étaient trouvés dans un champ qui portait encore quelques récoltes. Ces restrictions abusives ne peuvent plus maintenant se reproduire dans les arrêtés des préfets. La loi

nouvelle ne défend pas au propriétaire ou à ceux qui ont sa permission de chasser dans sa récolte. Le propriétaire est entièrement maître de sa chose ; il peut en user et en abuser. La loi ne punit le fait de chasse dans les récoltes que lorsqu'il est joint au fait de chasse sans permission sur le terrain d'autrui. Les préfets n'ont pas le droit de défendre ce que la loi permet. Les peines portées pour la chasse dans les récoltes sur le terrain d'autrui et sans son consentement, sont complètement différentes de celles portées pour la chasse en temps prohibé. Le premier de ces délits ne motive qu'une amende et n'entraîne pas la confiscation de l'arme (art. 11 et 16). La chasse en temps prohibé peut être punie de l'emprisonnement ; elle entraîne toujours la confiscation du fusil (art. 12 et 16). Le préfet n'a donc pas le droit d'assimiler et de confondre deux délits que la loi a punis de peines différentes. Il ne peut donc plus dire que la chasse sera ouverte seulement sur les terres dépouillées de leurs récoltes. Quand la chasse est ouverte dans une localité, elle est ouverte sur toutes les terres qui s'y trouvent, qu'elles soient ou qu'elles ne soient pas dégarnies de leurs fruits.

5. La publication des arrêtés des préfets doit précéder de dix jours l'ouverture ou la clôture de la chasse ; mais ce délai de dix

jours n'est exigé que pour ces arrêtés seulement ; quant à ceux qui peuvent être pris en vertu de l'art. 9, ils sont exécutoires immédiatement après leur publication.

Art. 4.

Dans chaque département il est interdit de mettre en vente, de vendre, d'acheter, de transporter et de colporter du gibier pendant le temps où la chasse n'y est pas permise.

En cas d'infraction à cette disposition, le gibier sera saisi et immédiatement livré à l'établissement de bienfaisance le plus voisin, en vertu, soit d'une ordonnance du juge de paix si la saisie a eu lieu au chef-lieu du canton, soit d'une autorisation du maire si le juge de paix est absent, ou si la saisie a été faite dans une commune autre que celle du chef-lieu. Cette ordonnance ou autorisation sera délivrée sur la requête des agens ou gardes qui auront opéré la saisie et sur la présentation du procès-verbal régulièrement dressé.

La recherche du gibier ne pourra être

faite à domicile que chez les aubergistes, chez les marchands de comestibles et dans les lieux ouverts au public.

Il est interdit de prendre ou de détruire, sur le terrain d'autrui, des œufs et des couvées de faisans, de perdrix et de cailles.

1. La loi défend en temps prohibé la vente et le transport du gibier cuit aussi bien que du gibier en plume ou en poil.

2. La prohibition atteint le gibier qui provient de l'étranger aussi bien que le gibier pris en France.

3. Ni la vente ni le transport des œufs de gibier ne sont interdits.

1. Les dispositions de l'art. 4 sont assez claires pour n'avoir besoin que de peu d'explication. Comme le disait M. le garde-des-sceaux à la séance du 12 février 1844, presque toute la loi est dans l'art 4. En effet, le but de cette loi est de détruire le braconnage ; il est évident que si on parvient à empêcher la vente du gibier tué par les braconniers, ceux-ci n'auront plus intérêt à se mettre en contravention. La prohibition de vendre et d'acheter du gibier n'est pas une invention nouvelle, et le § Ier de l'art. 4 est la reproduction d'un arrêt de règlement de la Table de marbre, en date du 17 avril 1674, dont voici le dispositif: « Tout

» considéré lesdits juges en dernier ressort » ayant égard à ladite requête, ont fait, et font » très expresses inhibitions et défenses à tous » marchands forains, pâtissiers, rôtisseurs et » *autres*, d'acheter, faire acheter, vendre et dé- » biter aucunes bêtes fauves, rousses et noires, » ni quartier d'icelles, et auxdits pâtissiers de » les mettre en pâte à peine de confiscation » desdites bêtes, venaisons et pâtés, et d'a- » mende..... Font aussi lesdits juges, pareilles » inhibitions et défenses auxdits marchands » forains, rôtisseurs, lardeurs et autres d'ache- » ter, vendre ni exposer aucuns lièvres et per- » drix, et aux pâtissiers de les mettre en pâte, » savoir : à l'égard des lièvres, depuis le pre- » mier jour de carême de chacune année, jus- » qu'au dernier juin suivant, et à l'égard des » perdrix, depuis le même temps, jusqu'au der- » nier juillet, aussi de chacune année, à peine » de confiscation et de vingt livres d'amende » pour chacune pièce de gibier, tant contre le » vendeur que contre l'acheteur. »

Il est défendu par l'art. 4, non seulement de vendre, mais aussi d'acheter du gibier, et cette interdiction s'applique aussi bien au gibier déjà cuit qu'au gibier en plume ou en poil.

L'interdiction de transporter du gibier en temps prohibé est absolue. La tolérance de la loi qui permet au propriétaire de chasser dans le clos qui fait partie de son habitation ne lui confère pas le droit de transporter ce gibier dans un autre lieu. La loi n'a pas créé un privilége en faveur des parcs. Seulement, par respect pour le domicile, elle a dit : ce qui se passera en fait de chasse dans l'intérieur du domicile devra y rester muré. Mais du moment où cet acte de chasse en temps prohibé se produit à l'extérieur de quelque manière que ce soit, lorsqu'il n'est plus garanti par l'inviolabilité du domicile, il tombe sous l'empire de la loi commune ; il devient coupable et doit être puni.

2. Peu importe que le gibier ait été pris en France ou qu'il provienne de l'étranger. Lors de la discussion, M. Vatout ayant demandé comment on distinguerait le gibier étranger du gibier indigène, le rapporteur de la commission lui répondit : « La Chambre n'a eu » qu'un principe : c'est la défense de vendre, » de mettre en vente, de colporter du gibier » pour le vendre. Maintenant que la chambre » a ajouté le mot acheter, il en résultera que, » quelle que soit l'origine du gibier, qu'il » provienne de pays étranger ou qu'il pro- » vienne du sol de France, il ne pourra être » mangé en France. »

3. L'art. 8 de l'ordonnance de 1669 défendait de prendre ou détruire, en quelque endroit

que ce soit, les œufs de cailles, de perdrix ou de faisans. L'arrêt de règlement de la Table de marbre du 17 avril 1674, expliquant cet article, faisait « défense à toute personne de prendre » des œufs de perdrix, de faisans dans les bois » et campagnes, et même, les ayant pris, de » les élever, nourrir et vendre.... Défense est » également faite à toutes personnes, de quel- » que condition et qualité qu'elles soient, de » vendre ni acheter des œufs de faisans et de » perdrix, etc.... » Le projet du gouvernement, adopté par la Chambre des pairs, reproduisait ces dispositions; mais lors de la discussion devant la Chambre des députés, on fit observer que beaucoup de couvées périraient lors de la fauchaison des foins et des prairies artificielles, si on n'enlevait pas les œufs pour les faire éclore et pour élever le gibier qui en provient. Le transport et la vente des œufs de gibier est donc souvent un moyen de reproduction, et la Chambre a modifié dans ce sens le paragraphe présenté par le gouvernement. Elle a défendu de prendre ou de détruire des couvées sur le terrain d'autrui; mais l'action de vendre ou de transporter des œufs n'est pas interdite par la loi.

Art. 5.

Les permis de chasse seront délivrés, sur l'avis du maire et du sous-préfet, par le préfet du département, dans lequel celui qui en fera la demande aura sa résidence ou son domicile.

La délivrance des permis de chasse donnera lieu au paiement d'un droit de 15 fr. au profit de l'Etat et de 10 fr. au profit de la commune, dont le maire aura donné l'avis énoncé au paragraphe précédent.

Les permis de chasse seront personnels; ils seront valables pour tout le royaume et pour un an seulement.

1. Il ne suffit pas pour chasser d'avoir consigné la somme au paiement de laquelle donne lieu la délivrance du permis, il faut encore que ce permis ait été délivré.

2. Le jour même de la délivrance d'un permis de chasse fait partie de l'année pendant laquelle le permis est valable.

1. Pour avoir le droit de chasser, il ne suffit pas d'avoir consigné les droits auxquels donne

lieu la délivrance du permis de chasse. En effet, le permis de chasse n'est pas seulement la quittance de l'impôt que vous acquittez ; il sert encore à constater votre identité. Le permis de chasse est personnel. Il faut, pour qu'il ne puisse servir qu'à une seule personne, qu'il contienne le signalement de celui à qui il est délivré. Le permis constate encore que celui qui en est porteur ne se trouve dans aucun des cas d'incapacité ou d'indignité déterminés par les art. 7 et 8 de la loi, ou bien que, s'il se trouve dans la catégorie des personnes auxquelles le permis peut être refusé, cependant le préfet n'a vu aucun inconvénient à le lui accorder. Il est donc nécessaire que la délivrance du permis soit précédée d'une instruction administrative qui n'a pu avoir lieu quand vous consignez le montant de l'impôt. Le reçu de la somme que vous versez ne peut donc remplacer le permis ; et je pense que sous la loi nouvelle on jugerait, comme la Cour de cassation l'a décidé sous l'empire du décret de 1812, que le délit de chasse sans permis de port d'armes ne peut être excusé par le motif que le prévenu avait précédemment consigné les droits pour obtenir un permis, lors même qu'ensuite ce permis lui aurait été délivré. (*Cassation*, 24 *décembre* 1819. — *Sirey*, 1820. 1-162.)

2. Le permis n'est valable que pour un an, et le jour où la délivrance a lieu fait partie de l'année. Ainsi, on jugerait maintenant, comme on l'a décidé sous l'empire du décret de 1812, qu'un permis délivré le 4 septembre se périme le 3 septembre de l'année suivante. (*Cassation*, 17 *mai* 1828. — *Dalloz*, 1828. 1-248.)

Le permis de chasse est valable pour toute la France, sans être soumis à la formalité d'un visa dans l'endroit où le chasseur va exercer ce droit. Cela avait fait question sous l'empire du décret de 1812. Un arrêt de la Cour royale de Lyon, du 20 janvier 1825, rapporté par Sirey (26-2-68), avait déjà décidé qu'aucun visa n'était nécessaire, et cette jurisprudence était universellement adoptée. La loi actuelle s'explique trop clairement pour que cela puisse présenter maintenant l'ombre d'un doute.

Art. 6.

Le préfet pourra refuser le permis de chasse :

1° A tout individu majeur qui ne sera point personnellement inscrit, ou dont le père ou la mère ne serait pas inscrit au rôle des contributions;

2° A tout individu qui, par une condamnation judiciaire, a été privé de l'un ou de plusieurs des droits énumérés dans l'art. 42 du Code pénal autres que le droit de port d'armes;

3° A tout condamné à un emprisonnement de plus de six mois pour rébellion ou violence envers les agens de la force publique;

4° A tout condamné pour délit d'association illicite, de fabrication, débit, distribution de poudre, armes ou autres munitions de guerre ; de menaces écrites ou de menaces verbales, avec ordre ou sous condition ; d'entraves à la circulation des grains ; de dévastations d'arbres ou de récoltes sur pied, de plants venus naturellement ou faits de main d'hommes ;

5° A ceux qui auront été condamnés pour vagabondage, mendicité, vol, escroquerie ou abus de confiance.

La faculté de refuser le permis de chasse aux condamnés, dont il est question dans les paragraphes 3, 4 et 5, cessera cinq ans après l'expiration de la peine.

Le préfet a le droit absolu de refuser ou d'accorder le permis de chasse aux personnes mentionnées en l'art. 6.

Le préfet a le droit de refuser le permis de chasse aux personnes qui se trouvent désignées par les dispositions de cet article ; mais aussi, lorsqu'il juge que la délivrance du permis est sans inconvénient pour la tranquillité publique, il est entièrement libre de l'accorder. Les piqueurs, gardes, valets de chiens qui, le plus souvent, habitent dans les propriétés du maître auquel ils ont loué leurs services, ne sont pas inscrits au rôle des contributions ; ils se trouvent donc classés dans les personnes dont parle le parag. 1er, et le permis peut leur être refusé ou accordé selon que le préfet le jugera convenable.

Le § 2 de l'art. 6 mentionne les condamnations judiciaires qui auront pu être prononcées en vertu de l'art. 42 du Code pénal. Cet article est ainsi conçu :

« Les tribunaux jugeant correctionnellement pourront, dans certains cas, interdire, en tout ou en partie, l'exercice des droits civiques, civils et de famille suivans :

» 1° De vote et d'élection ;

» 2° D'éligibilité ;

» 3° D'être appelé ou nommé aux fonctions de juré, ou autres fonctions publiques, ou aux emplois d'administration, ou d'exercer ces fonctions ou emplois ;

» 4° De port d'armes ;

» 5° De vote et de suffrage dans les délibérations de famille ;

» 6° D'être tuteur, curateur, si ce n'est de ses enfans et sur l'avis seulement de la famille ;

» 7° D'être expert ou employé comme témoin dans les actes ;

» 8° De témoignage en justice autrement que pour y faire de simples déclarations. »

Art. 7.

Le permis de chasse ne sera pas délivré :

1° Aux mineurs qui n'auront pas 16 ans accomplis;

2° Aux mineurs de 16 à 21 ans à moins que le permis ne soit demandé pour eux par leur père, mère, tuteur ou curateur, porté au rôle des contributions ;

3° Aux interdits;

4° Aux gardes-champêtres ou forestiers des communes et établissemens publics, ainsi qu'aux gardes-forestiers de l'Etat et aux gardes-pêche.

1. Le préfet peut refuser le permis de chasse à la femme qui le demande sans l'autorisation de son mari.
2. Les gardes-champêtres ou forestiers ne peuvent pas chasser.
3. Cette interdiction n'atteint ni les gardes particuliers, ni les gardes des forêts de la Couronne.

1. La femme qui est en pouvoir de mari est, pour presque tous les actes, assimilée au mineur, et l'on peut décider que le préfet serait parfaitement fondé à lui refuser un permis de

chasse si ce permis n'était pas demandé pour elle par son mari.

2. L'interdiction prononcée par le quatrième paragraphe de cet article contre les gardes-champêtres et contre les gardes-forestiers ne leur enlève pas le droit de porter des armes pour leur défense ; mais ils ne peuvent porter que les armes spécifiées par les règlemens d'administration publique. L'art. 5 de la circulaire du ministre de la police du 6 mai 1805 est ainsi conçu : « les gardes-champêtres ne pourront être armés de fusils.»

L'armement des gardes-forestiers ne peut consister que dans un fusil simple. (*Circ. du* 31 *juillet* 1816, *n.* 328, *rapportée par M. Dupin ; Lois forestières*, *p.* 814.)

Le § 4 de l'art. 7 ne fait mention que des gardes-champêtres, des gardes-forestiers et des gardes-pêche des communes, des établissemens publics et de l'Etat ; par conséquent l'interdiction du droit de chasse ne s'applique pas aux gardes que tout propriétaire a droit d'avoir pour la conservation de ses propriétés en le faisant agréer par le sous-préfet de l'arrondissement. (V. art. 22.)

Elle ne s'applique pas aux gardes préposés à la conservation des chasses dans les domaines de la Couronne. Ils sont de véritables gardes particuliers, et ne sont pas rétribués par le trésor public, mais par la liste civile.

Art. 8.

Le permis de chasse ne sera pas accordé :

1° A ceux qui, par suite de condamnations, sont privés du droit de port d'armes ;

2° A ceux qui n'auront pas exécuté les condamnations prononcées contre eux pour l'un des délits prévus par la présente loi ;

3° A tout condamné placé sous la surveilveillance de la haute police.

La privation du droit de port d'armes peut, aux termes de l'art. 28 du Code pénal, être l'accessoire d'une peine infamante, elle peut aussi être la conséquence de la dégradation civique prononcée conformément à l'art. 34 du même Code ; elle peut provenir d'une simple condamnation correctionnelle qui aurait fait application de l'art. 42 du Code pénal ; enfin, le tribunal correctionnel, aux termes de l'art. 18 de la présente loi, peut, en cas de condamnation pour délit de chasse, interdire temporairement le permis de chasse au délinquant. Celui qui est privé du droit de port d'armes est déclaré par la loi indigne d'obtenir un permis de chasse. Cette indignité cesse : pour celui qui a subi une peine infamante, quand le condamné a obtenu sa réhabilitation (619, *Code d'instruction criminelle*) ; pour celui qui a été privé correctionnellement des droits mentionnés en l'art. 42, quand la durée de la peine fixée par le jugement est écoulée. (401, 405, 410, *Code p.*)

La loi considère aussi comme indignes d'obtenir le permis ceux qui, ayant été condamnés à l'amende, ne l'ont pas acquittée. L'art. 4 du décret du 28 avril 1790 décidait que celui qui, huitaine après la signification du jugement, n'aurait point satisfait à l'amende prononcée contre lui, serait contraint par corps et détenu en prison pendant vingt-quatre heures pour la première fois, pendant huit jours pour la seconde fois, et pendant trois mois pour la troisième.

La loi du 17 avril 1832 est venue modifier cet état de choses, et l'on trouve au titre des dispositions relatives à la contrainte par corps en matière criminelle, correctionnelle et de police, que les condamnés à l'amende qui justifieront de leur insolvabilité, seront mis en liberté après avoir subi quinze jours de contrainte, lorsque l'amende et les autres condamnations pécuniaires n'excèderont pas 15 fr. ; un mois, lorsqu'elles s'élèveront de 15 fr. à 50 fr.; deux mois, lorsque l'amende et les autres condamnations s'élèveront de 50 à 100 fr.; et quatre mois, lorsqu'elles excèderont 100 fr.

Mais on fait rarement usage de la faculté que

la loi accorde, de retenir en prison les insolvables condamnés à l'amende. La contrainte par corps n'est pas une peine qui soit infligée par le jugement ou par la loi au condamné. Elle est considérée seulement comme un moyen donné au créancier pour arriver à l'exécution du jugement. Le créancier est maître d'user ou de ne pas user de ce moyen, selon qu'il le juge avantageux à ses intérêts. Or, l'administration des domaines trouve qu'il serait fort onéreux d'entretenir en prison un individu insolvable. Ce seraient des dépenses qui grèveraient inutilement le trésor; il résulte de là que, sous l'empire du décret de 1790, les braconniers étaient à peu près assurés de l'impunité, car ils sont presque toujours insolvables; par conséquent, ils ne paient pas l'amende. « Aussi, disait M. le » baron de Brigode à la séance du 28 mars, » ils rentrent dans leurs foyers plus audacieux » qu'auparavant, y bravent et insultent les » gardes et encouragent par leur exemple les » délits de même nature. » C'est pour obvier à ces abus, que la loi actuelle refuse le droit de chasse à ceux qui n'ont pas exécuté les condamnations prononcées contre eux. C'est une première peine qui viendra les atteindre, sans parler de l'emprisonnement que le juge pourra prononcer pour les faits de braconnage.

Art. 9.

Dans le temps où la chasse est ouverte, le permis donne à celui qui l'a obtenu le droit de chasser de jour à tir et à courre sur ses propres terres, et sur les terres d'autrui, avec le consentement de celui à qui le droit de chasse appartient.

Tous autres moyens de chasse, à l'exception des furets et des bourses destinés à prendre le lapin, sont formellement prohibés.

Néanmoins les préfets des départemens, sur l'avis des conseils généraux, prendront des arrêtés pour déterminer :

1° L'époque de la chasse des oiseaux de passage autres que la caille, et les modes et procédés de cette chasse ;

2° Le temps pendant lequel il sera permis de chasser le gibier d'eau dans les marais, sur les étangs, fleuves et rivières ;

3° Les espèces d'animaux malfaisans ou nuisibles que le propriétaire, possesseur ou fermier, pourra, en tout temps, détruire sur ses terres, et les conditions de l'exercice de ce droit, sans préjudice du droit appartenant au propriétaire ou au fermier de repousser ou de détruire, même avec des armes à feu, les bêtes fauves qui porteraient dommage à ses propriétés.

Ils pourront prendre également des arrêtés :

1° Pour prévenir la destruction des oiseaux ;

2° Pour autoriser l'emploi des chiens lévriers pour la destruction des animaux malfaisans ou nuisibles ;

3° Pour interdire la chasse pendant le temps de neige.

1. Toute chasse de nuit est interdite.

2. L'affût n'est pas compris dans cette prohibition, pourvu qu'il ne se prolonge pas après que la nuit est close.

3. L'emploi de tous filets, panneaux et collets est prohibé.

4. Les armes à feu brisées par la crosse, celles en forme de canne et les armes offensives cachées, les fusils et pistolets à vent, les armes de guerre sont prohibés.

5. Les arrêtés des préfets peuvent autoriser l'emploi des filets pour la chasse des gibiers d'eau,

de même que pour la chasse aux oiseaux de passage.

6. La loi ne prohibe que les engins de chasse et non pas les chemins d'assommoirs ou les poteaux armés de piéges qui ne peuvent servir qu'à la destruction des bêtes puantes et des oiseaux de rapine.

7. On peut considérer comme animaux nuisibles tous les oiseaux de proie, les corbeaux, les moineaux, les pigeons, les lapins, les bêtes puantes, les renards, blaireaux, loups et quelquefois les sangliers.

8. Anciens règlemens pour la destruction des animaux nuisibles.

9. Récompenses accordées pour la destruction des animaux nuisibles.

10. Organisation actuelle de la louveterie.

11. Le propriétaire ou le fermier conserve le droit de repousser avec des armes à feu, même en temps prohibé, les animaux qui portent dommage à sa propriété.

12. La chasse avec les chiens lévriers est interdite, elle peut être autorisée seulement pour la destruction des animaux malfaisans.

1. La rédaction du premier paragraphe de l'art. 9 est vicieuse. Le droit de chasse est inhérent à la propriété, et, comme le disait M. Franck-Carré dans son rapport à la Chambre des pairs, *le gouvernement peut et doit en règlementer l'exercice, mais il ne concède pas une faculté qui préexiste à son permis.* Le

permis ne donne donc pas le droit ; il constate seulement que le chasseur se trouve dans toutes les conditions requises par la loi pour exercer le droit de chasse, et c'est dans ce sens qu'il faut entendre la loi.

« Dans le temps où la chasse est ouverte, le permis donne à celui qui l'a obtenu le droit de chasser de *jour*, etc.... » Il résulte de là que toute chasse de *nuit* est considérée comme un acte de braconnage, et le deuxième paragraphe de l'art. 12 punit de 50 à 200 fr. ceux qui auront chassé pendant la nuit. Ils peuvent encore être condamnés à un emprisonnement de six jours à deux mois.

L'art. 4 de l'ordonnance de 1669 défendait de chasser à feu et d'entrer ou demeurer de nuit dans les forêts, bois ou buissons avec armes à feu, à peine de 100 livres d'amende et de peine corporelle. La loi nouvelle reproduit ces prohibitions; la pénalité seule est changée.

2 L'interdiction de chasser de nuit ne s'applique pas à l'affût, pourvu qu'il ne se prolonge pas après que la nuit est close.

Devant la Chambre des pairs, un des membres de cette assemblée a demandé si, en permettant seulement la chasse de *jour*, la commission a entendu prohiber la chasse à l'affût, qui est une des plus usitées et qui ne paraît offrir en aucune manière les inconvéniens des chasses de nuit.

M. le rapporteur : « La chasse à l'affût ayant lieu à des heures en quelque sorte intermédiaires entre le jour et la nuit, l'interdiction qui résulte du premier paragraphe de l'art. 9 ne paraît pas devoir lui être applicable. C'est, du reste, à l'appréciation des tribunaux que la commission a entendu s'en remettre pour la décision des cas sur lesquels il pourrait s'élever quelques doutes. » (*Procès-verbaux de la Chambre des pairs, séance du* 23 *mai* 1843, p. 1734.)

3. La chasse à tir, la chasse à courre sont seules permises. L'emploi des filets, des collets, des piéges est défendu, et la loi n'admet d'exception que pour la destruction des lapins, contre lesquels elle autorise l'emploi des furets et des bourses ; quant à la destruction des autres animaux nuisibles, elle est réglée par le troisième paragraphe.

4. Bien que cet article ne se soit pas expliqué sur l'emploi des armes défendués par d'autres lois de police, il est évident que ces dispositions législatives restent entières ; le but des législateurs n'a été en aucune manière de les abroger. L'ordonnance de 1669, art. 3, défend l'usage et même le port des armes à feu brisées par la crosse ou par le canon, et des cannes et

bâtons creusés. Elle prononce une peine contre les ouvriers qui vendent ou qui fabriquent de ces armes.

L'art. 2 du décret du 2 nivôse an XIV est ainsi concu : « Toute personne qui, à partir » de la publication du présent décret, sera » trouvée porteur de pistolets ou fusils à vent, » sera poursuivie et traduite devant les tribu- » naux de police correctionnelle pour y être » jugée et condamnée conformément à la loi » du 23 mars 1728. »

La loi du 23 mars 1728 prohibe le port et l'usage de toute arme offensive cachée.

La Cour de cassation a décidé, par arrêt du 26 août 1824, rapporté par Sirey (25-1-18), que les prohibitions établies par ces divers règlemens ont été maintenues, mais que la pénalité qui atteignait les infracteurs a été modifiée par l'art. 314 du Code pénal.

« Tout individu qui aura fabriqué ou débité » des stylets, tromblons ou quelque espèce » que ce soit d'armes prohibées par la loi ou » par des règlemens d'administration publi- » que, sera puni d'un emprisonnement de six » jours à six mois.

» Celui qui sera porteur desdites armes sera » puni d'une amende de 16 fr. à 200 fr.

» Dans l'un et l'autre cas, les armes seront » confisquées.

» Le tout sans préjudice de plus forte peine, » s'il y échet, en cas de complicité de crime. »

Les armes de guerre sont aussi prohibées, aux termes de l'ordonnance du 24 juillet 1818 et de la loi du 24 mai 1834.

M. Houel, dans le *Code de la Chasse* (n° 194). cite, comme étant encore en vigueur, l'arrêt du conseil du 4 septembre 1731, qui interdit l'emploi, à la chasse, du fer en grenaille. Il n'est pas question ici d'un règlement de police générale, mais seulement d'une manière de charger les armes destinées spécialement à la chasse.

Or, tous les règlemens qui s'appliquent uniquement à l'exercice de la chasse, avaient été abrogés par les lois du 4 août 1789 et 28 avril 1790. Il n'y a pas plus de raison pour croire que l'arrêt du conseil du 4 septembre 1731 est en vigueur qu'il n'y en aurait pour appliquer l'art. 16 de l'ordonnance de 1669 qui interdisait la chasse au chien couchant. Ce sont là uniquement des dispositions relatives à l'exercice de la chasse qui ont toutes été abrogées par les lois postérieures.

Il faut ajouter qu'il est beaucoup de contrées de la France où les chasseurs sont dans l'habitude de se servir de fer en grenaille. Les bons chasseurs feront mieux de s'en abstenir, car le plomb est beaucoup préférable. Son poids est double de celui du fer ; et comme la vitesse qu'on peut imprimer à un projectile est en raison directe de sa pesanteur spécifique, le plomb porte beaucoup plus loin que la grenaille de fer. La fonte est en outre beaucoup plus élastique. Il en résulte qu'au moindre corps dur qu'elle rencontre, elle fait des ricochets, elle s'écarte beaucoup de la direction que le chasseur voulait lui imprimer, et elle peut causer une foule d'accidens ; enfin, comme elle est presque toujours plus dure que l'étoffe dont sont faits les canons de fusil, elle les use très rapidement et les expose à crever.

Nous ne pensons pas que l'usage du fer en grenaille soit défendu, mais nous répétons que les chasseurs feront bien de s'en abstenir.

5. Les préfets doivent, en exécution de l'art. 9, prendre des arrêtés relativement à la chasse des oiseaux de passage sur l'avis des conseils généraux; mais l'article ne dit pas qu'ils devront nécessairement autoriser cette chasse. Les conseils généraux donneront leur avis, et, suivant les circonstances, le préfet pourra permettre ou prohiber la chasse. Ses arrêtés pourront varier suivant les nécessités du moment, et sa décision d'une année pourra ne pas être celle de l'année suivante. L'arrêté devra régler les modes de chasse qui seront

employés; ainsi, lors de la passée des bécasses, le préfet pourra autoriser l'emploi des pantières ou bien décider qu'on ne tuera les bécasses qu'au fusil.

Le préfet est encore chargé de régler le temps pendant lequel il sera permis de chasser le gibier d'eau, dans les marais, sur les étangs, fleuves et rivières; le décret d'avril 1790 autorisait en tout temps la chasse dans les marais, sur les lacs et sur les étangs; mais cette faculté était un obstacle à la reproduction d'un certain nombre d'oiseaux qui, bien que gibier de passage, font cependant des couvées dans nos marais et dans nos étangs. L'alinéa relatif à la chasse des oiseaux de passage dit que le préfet déterminera les *modes* et *procédés* de cette chasse. Ces expressions n'ont pas été reproduites dans le paragraphe relatif au gibier d'eau. Il n'en faut pas conclure que les modes de chasse pour le gibier d'eau doivent rester sous l'empire du droit commun, c'est à dire que ce gibier ne pourra être tué qu'au fusil. La chasse des gibiers d'eau est à certaines époques de l'année une source de richesse pour quelques localités; mais, pour être productive, elle ne doit pas se faire au fusil. Ainsi, sur les bords du bassin d'Arcachon, on tend d'immenses filets où quelquefois on prend en quelques heures plus de 400 canards ou sarcelles.

Bien évidemment la loi n'a pas voulu détruire cette industrie qui assure de grandes ressources pour l'alimentation des localités où elle est possible. Les préfets ont donc le droit de permettre dans ce cas l'emploi des filets et autres engins qui y sont appropriés

6. Les arrêtés des préfets détermineront également les espèces d'animaux malfaisans ou nuisibles qu'il est permis de détruire en tout temps. La loi qui a en vue la conservation du gibier, n'a en aucune manière prétendu interdire la destruction des animaux nuisibles. Tous les animaux que les chasseurs appellent bêtes puantes, les renards, fouines. martes, belettes, putois, etc., sont des animaux nuisibles; les chemins d'assommoirs et les piéges sont à peu près les seuls moyens employés avec avantage pour leur faire la guerre. Les piéges placés sur le haut d'un poteau isolé sont utiles pour prendre les oiseaux de rapine. Il est donc probable qu'il en sera fait mention dans tous les arrêtés des préfets; mais, lors même qu'ils n'y seraient pas expressément désignés, leur emploi devrait être considéré comme toléré par la loi; car ils ne peuvent en aucune manière servir à la chasse du gibier et ne sont pernicieux que pour les bêtes puantes ou pour les oiseaux de proie.

7. La loi laisse au préfet et aux conseils généraux la plus grande latitude sur ce qu'il faut entendre par animaux nuisibles : les corbeaux, les moineaux, peuvent être considérés comme des animaux nuisibles.

Les pigeons, dans le temps des semailles et dans celui de la moisson, ne doivent pas être laissés en liberté. L'autorité locale détermine le temps pendant lequel ils doivent être tenus renfermés ; alors chaque propriétaire a le droit de tuer sur son terrain ceux qu'il y rencontre. A cette époque , ils sont considérés comme gibier ; mais en d'autres temps il n'est pas permis de les tuer et de se les approprier. Il a été jugé que c'était commettre une soustraction frauduleuse.

Le droit d'avoir des garennes ouvertes appartient à tout le monde ; mais il faut que ce droit ne porte aucun préjudice au voisin. Les lapins, lorsqu'ils se multiplient en trop grande quantité, causent beaucoup de dégâts. Il est donc urgent que le propriétaire puisse en diminuer le nombre au moment où il deviendrait excessif. Celui qui a employé tous les moyens en son pouvoir pour détruire les lapins qui existent sur sa propriété n'est responsable en aucune manière du dommage qu'ils ont causé sur les héritages voisins. Cela a été jugé par arrêt de la Cour de cassation du

13 janvier 1829 (*Courrier des Tribunaux*, 14 *janvier* 1829) ; mais s'il les a laissés pulluler, il peut être tenu de payer des dommages-intérêts aux propriétaires des héritages contigus.

Les chats sauvages, les chiens errans, sont encore des animaux nuisibles.

8. Un arrêté du 19 pluviôse an V (7 février 1797), qui reproduit en partie les dispositions de l'art. 6 de l'ordonnance de 1602, ordonne de faire dans les *forêts royales et dans les campagnes*, tous les trois mois et plus souvent s'il est nécessaire, des chasses et battues générales ou particulières aux loups, renards, blaireaux et autres animaux nuisibles. Cet arrêté n'est point abrogé, quoiqu'il s'exécute rarement. Les battues doivent être ordonnées par le préfet, de concert avec les agens forestiers, sur la demande de ces derniers et de l'administration municipale. Les maires et adjoints municipaux sont tenus d'assister à ces battues ; ils indiquent dans chaque commune les habitans qui prendront part à la battue, et jusqu'à concurrence du nombre requis par l'arrêté du préfet. Ils nomment ceux qui la dirigeront.

Lorsque les habitans sont arrivés au rendez-vous, le commandant fait un appel pour constater le nom des personnes présentes. Après l'expédition, on procède au réappel pour constater le nom de celles qui se sont absentées. La liste des personnes qui n'ont pas obéi aux prescriptions de l'arrêté du préfet est transmise au procureur du roi, qui les traduit en police correctionnelle. Un arrêt du conseil du 25 janvier 1697 prononçait une amende de 10 fr. contre chaque contrevenant.

La Cour de cassation, par arrêt du 13 brumaire an x, rapporté par Fournel dans ses *Lois rurales*, 1er vol., p. 197, a cassé un jugement du tribunal du Cher qui avait refusé de prononcer l'amende de 10 fr., et il a décidé « que l'arrêt du conseil du 25 janvier 1697 » prescrit des mesures qui n'ont été révoquées » par aucune loi particulière. » Les dispositions de l'arrêté du 19 pluviôse an v ne sont point abrogées par la présente loi, mais elles peuvent être modifiées par les arrêtés des préfets. Quant à l'arrêt du conseil du 25 janvier 1697, il se trouve remplacé par le parag. 3 de l'art. 11 de la présente loi, qui prononce une amende de 16 à 100 fr. pour contravention aux arrêtés relatifs à la destruction des animaux nuisibles.

Un arrêt de la Cour d'Orléans du 11 mai 1840 (*Dalloz*, 1841. 2-29) a décidé que l'expression de *campagnes* employée par l'arrêté du 19 pluviôse an v, pour déterminer les endroits où doivent se faire les battues pour la destruction des animaux nuisibles, comprend non seulement les prés et terres labourables, mais encore les *bois* des particuliers.

9. La loi du 10 messidor an v (28 juin 1797) avait déterminé de la manière suivante les primes accordées pour la destruction des animaux nuisibles. Il était accordé une prime de 50 fr. par chaque tête de louve pleine, de 40 fr. par chaque tête de loup, de 20 fr. par chaque tête de louveteau. Lorsqu'un loup enragé ou non s'était jeté sur des hommes ou des enfans, la prime était portée à 150 fr. Des décisions ministérielles ont abaissé le chiffre de ces primes qui, aux termes de l'instruction du ministre du 9 juillet 1818, se trouvent réduites à 18 fr. pour une louve pleine, à 15 fr. pour une louve non pleine, à 12 fr. par loup, et 6 fr. par louveteau; mais ces primes peuvent être augmentées d'après les circonstances qui ont accompagné la destruction de l'animal. L'augmentation, dans ce cas, est réglée par le ministre de l'intérieur, sur la proposition du préfet.

La demande de celui qui réclame la prime doit être adressée au maire de la commune. Le procès-verbal constatant la destruction du loup est adressé à l'administration départementale, qui ordonnance le paiement de la prime.

10. L'institution de la louveterie est un des moyens les plus efficaces pour la destruction des animaux nuisibles. Une charte de Charles VI en date de 1404, accordait aux louvetiers une prime de 2 deniers par loup et 4 deniers par louve, à prélever par chaque feu des villages qui se trouvaient dans le rayon de deux lieues de l'endroit où le loup avait été tué. Cette charte est mentionnée dans un arrêt du parlement de Paris en date du 7 décembre 1584, qui confirme une sentence de la Table de marbre rendue contre les habitans de Noisy-le-Grand, au profit des louvetiers de Bondy et de Livry. Un autre arrêt de règlement, en date du 27 décembre 1608, maintient les louvetiers dans le droit de percevoir ladite redevance, et charge les receveurs des paroisses de faire dans la quinzaine la *cueillette*, c'est à dire le recouvrement du droit des louvetiers.

Les anciens règlemens sur la louveterie ont été remplacés par les dispositions de l'arrêté du 19 pluviôse an v (7 février 1797), de la loi du 10 messidor an v (28 juin 1797), relatifs à la destruction des animaux nuisibles, et par les lois suivantes.

Un décret impérial du 8 fructidor an XII a rangé la louveterie dans les attributions du grand veneur.

Un règlement du grand veneur, en date du

1er germinal an XIII, organise la police de la chasse dans les forêts impériales. Un autre règlement du même jour organise la louveterie.

Le grand-veneur donnait autrefois les commissions d'officiers de louveterie, elles sont aujourd'hui délivrées par l'administration des forêts.

La commission de lieutenant de louveterie ne dispense en aucune manière celui à qui elle est accordée de l'obligation d'obtenir un permis de chasse. Sous l'empire du décret de 1812 le permis de port d'armes était exigé des lieutenans de louveterie. Cela résulte d'une décision du grand veneur, en date du 26 décembre 1812.

Les officiers de louveterie ne sont point des fonctionnaires publics. Pour diriger contre eux des poursuites il n'est pas besoin de l'autorisation exigée aux termes de l'art. 75 de la loi du 22 frimaire an VIII, pour actionner les agens du gouvernement. (*Cour de cass.* 21 janvier 1837.)

Sous l'empire du décret de 1812, il était admis que les piqueurs de louveterie avaient, en vertu de la commission du lieutenant auquel ils étaient attachés, le droit de chasser sans permis de port d'armes, le loup et les autres animaux nuisibles, et que, lorsqu'ils étaient trouvés chassant, il y avait présomption, jusqu'à preuve contraire qu'ils n'avaient chassé que des animaux de cette espèce. (*Cour de Nîmes*, 7 juillet 1839. *Dict*, *d'A. Dalloz*, *v° chasse*, n. 76.)

Nous pensons que la loi actuelle n'admet de dispense du permis de chasse ni en faveur des piqueurs, ni en faveur des valets de limier de louveterie.

« Comme la chasse du loup, qui doit oc-
» cuper principalement les lieutenans de lou-
» veterie, ne fournit pas toujours l'occasion
» de tenir les chiens en haleine, ils ont droit
» de chasser à courre, deux fois par mois, dans
» les forêts de l'Etat faisant partie de leur ar-
» rondissement, le chevreuil brocard, le san-
» glier ou le lièvre suivant les localités. Sont
» exceptés les forêts ou bois du domaine de
» l'Etat de leur arrondissement dont la chasse
» est particulièrement donnée par le roi aux
» princes ou à toute autre personne.

Dans les forêts de l'Etat affermées, l'autorisation de chasser à courre deux fois par mois est restreinte à la chasse du sanglier. (*Art.* 21 *du règlement du* 31 janvier 1839.)

» Il leur est expressément défendu de tirer
» sur le chevreuil et le lièvre ; le sanglier est
» excepté de cette disposition, dans le cas seu-
» lement où il tiendrait aux chiens.

Les sangliers ne sont considérés comme

animaux nuisibles que lorqu'ils sont en grand nombre et que les dégâts qu'ils commettent causent un grand préjudice à l'agriculture ; la chasse des sangliers sur le terrain d'autrui ne saurait avoir lieu qu'en vertu d'un arrêté du préfet qui a déclaré leur destruction nécessaire. (*Cassation*, 3 janvier 1840. *Dalloz*, 1-392.)

11. Le décret de 1790 avait autorisé le propriétaire ou le fermier à faire, en tout temps, usage des filets et autres engins pour détruire le gibier dans ses récoltes, la loi actuelle ne permet plus que l'emploi du fusil et seulement pour repousser les bêtes fauves.

12. La rédaction du paragraphe qui permet au préfet d'autoriser l'emploi des chiens lévriers a été proposée par M. Gillon. Voici comment il l'expliquait lui-même à la séance du 16 février 1844. « Règle générale : point de chasse » faite au lévrier en quelque saison que ce soit. » Toute personne qui s'aidera d'un animal de » cette espèce pour chercher ou poursuivre le » gibier, même sur son propre terrain, fût-» elle munie d'un permis de chasse, est cou-» pable aux yeux de notre loi. Ainsi le culti-» vateur qui avait en réserve, près de sa char-» rue, un chien lévrier qu'il lance sur le gibier, » doit être puni ; il doit l'être encore si, de » son propre mouvement, le chien est parti

» pour attaquer le gibier qu'il a saisi et que » son maître est venu relever. Il doit l'être » enfin si, traversant les champs, il a laissé » son chien se mettre en guette du gibier et le » poursuivre...... La loi ne souffre l'interven- » tion des lévriers que par exception et dans » les cas si rares où le préfet aura cru leur » secours utile contre les animaux nuisibles. »

Déjà, sous l'empire de l'ancienne loi, le tribunal de Strasbourg, réformant sur appel un jugement du tribunal correctionnel de Saverne, avait décidé que le propriétaire d'un chien lévrier fait acte de chasse, en laissant cet animal divaguer dans la campagne encore qu'il ne l'ait pas accompagné. (*Jugement du 7 avril* 1829. — *Courrier des tribunaux du 21 avril* 1829.)

Cette décision, conforme à l'équité pouvait, aux termes du décret de 90, paraître sujette à beaucoup de controverse; mais elle se trouve conforme tout à la fois à l'esprit et au texte de la loi nouvelle.

Art. 10.

Des ordonnances royales détermineront la gratification qui sera accordée aux gardes et gendarmes, rédacteurs des procès-verbaux ayant pour objet de constater les délits.

1. Cette gratification n'est due ni aux maires ni aux adjoints; mais seulement aux gardes et gendarmes.
2. Elle n'est pas due aux gardes particuliers.
3. Elle n'est due que lorsque le procès-verbal est suivi d'une condamnation.
4. Il est alloué autant de gratifications qu'il y a de condamnés lors même qu'un seul procès-verbal aurait été dressé pour constater le fait de chasse reproché à plusieurs individus.

1. De tout temps on a pensé que le meilleur moyen d'exciter la surveillance des gardes à la répression des délits est de leur donner un intérêt personnel à ce que ces délits soient constatés. L'ordonnance rendue par Henri IV à Follembray, le 12 janvier 1599, accordait aux gardes ou archers le 10e des amendes prononcées par suite des délits qu'ils auront constatés et découverts. Sous l'empire de la loi qui vient

d'être abrogée, la gratification accordée aux gendarmes et gardes-champêtres était d'abord de 3 francs. Elle a été, par ordonnance royale du 17 juillet 1816, portée à cinq francs.

2. Une ordonnance qui n'est pas encore rendue déterminera le chiffre de cette gratification qui n'est due ni aux maires, ni aux adjoints, lorsqu'ils constatent un délit de chasse. Cela résulte de la circulaire du ministre des finances du 20 septembre 1820.

3. Elle n'est pas due au garde particulier qui a dressé un procès-verbal d'un délit de cette espèce. *Décision du ministre des finances du 1er octobre* 1823.

4. Cette gratification n'est due que lorsque le délit est reconnu constant et lorsqu'il intervient une condamnation.

5. Lorsque plusieurs individus ont été condamnés pour fait de chasse constaté par un seul procès-verbal, il revient à l'agent rédacteur autant de gratifications qu'il y a de condamnés; mais il n'est dû qu'une gratification quand le jugement est rendu contre un seul individu sur un procès-verbal rapporté par plusieurs agens. *Circulaire du ministre des finances du* 20 *septembre* 1823.

SECTION II.

Des peines.

Art. 11.

Seront punis d'une amende de 16 à 100 francs :

1° Ceux qui auront chassé sans permis de chasse ;

2° Ceux qui auront chassé sur le terrain d'autrui sans le consentement du propriétaire ;

L'amende pourra être portée au double si le délit a été commis sur des terres non dépouillées de leurs fruits, ou s'il a été commis sur un terrain entouré d'une clôture continue faisant obstacle à toute communication avec les héritages voisins, mais non attenant à une habitation ;

Pourra ne pas être considéré comme délit de chasse le fait du passage des chiens courans sur l'héritage d'autrui, lorsque ces chiens seront à la suite d'un gibier lancé sur la propriété de leurs maîtres, sauf l'action civile, s'il y a lieu, en cas de dommage;

3° Ceux qui auront contrevenu aux arrêtés des préfets concernant les oiseaux de passage, le gibier d'eau, la chasse en temps de neige, l'emploi des chiens lévriers; ou aux arrêtés concernant la destruction des oiseaux et celle des animaux nuisibles ou malfaisans;

4° Ceux qui auront pris ou détruit sur le terrain d'autrui des œufs ou couvées de faisans, de perdrix ou de cailles;

5° Les fermiers de la chasse, soit dans les bois soumis au régime forestier, soit sur les propriétés dont la chasse est louée au profit des communes ou établissemens publics, qui auront contrevenu aux clauses et conditions de leurs cahiers de charges relatives à la chasse.

1. La chasse sur une terre non dépouillée de ses fruits ne constitue pas un délit principal, mais une circonstance aggravante.

Elle n'est punie que lorsqu'elle a lieu sur le terrain d'autrui, et sans son consentement.

2. Les prairies en regain ne doivent pas être considérées comme terres garnies de leurs fruits.

3. Il en est de même des champs de pommes de terre.

4. Le droit de suite n'est pas rétabli.

5. Le passage des chiens courans sur le terrain d'autrui n'est un délit qu'autant qu'un fait du veneur vient se joindre au fait de la meute.

6. Le fait d'envoyer ses chiens quêter sur le terrain d'autrui est un délit.

7. Le chasseur est toujours responsable du dégât causé par sa meute.

1. Le décret de 1790 interdisait, même au propriétaire, de chasser sur les terres non dépouillées de leurs fruits. On n'aurait jamais dû prêter à cette prohibition un sens différent de celui que présentaient les anciennes ordonnances. Etablie pour protéger l'agriculture et la propriété, elle n'aurait jamais dû devenir, contre les chasseurs et contre les propriétaires eux-mêmes, un sujet de tracasserie. L'art. 108 de l'ordonnance rendue en 1560, par Charles IX, aux États d'Orléans, s'exprimait ainsi : « Défendons aux gentilshommes et à tous au-» tres de chasser, soit à pied ou à cheval, avec » chiens et oiseaux, sur les terres ensemencées » depuis que le bled est en tuyau, aux vignes » depuis le premier jour de mars jusques » après la dépouille, à peine de tous dommages » et intérêts des propriétaires, que les con-» damnés seront contraints de payer après » sommaire liquidation d'iceux faite par nos

» juges, nonobstant oppositions ou appellations quelconques, et sans préjudice d'icelles. » Cette défense a été renouvelée en 1589, aux État de Blois, et ensuite elle a été reproduite dans presque tous les édits qui se sont occupés de cette matière. La loi de 1790 a étendu aux propriétaires eux-mêmes l'interdiction qui n'avait été établie primitivement qu'en leur faveur, et les préfets, dans leurs arrêtés d'ouverture de la chasse, avaient toujours soin de déclarer que la chasse n'était ouverte que sur les terres dépouillées de leurs fruits. En conséquence, on poursuivait impitoyablement, comme ayant chassé en temps prohibé, quiconque mettait le pied dans une terre non entièrement dégarnie de sa récolte. La Cour de cassation avait décidé que le propriétaire qui peut, si bon lui semble, faire pâturer son troupeau de vaches ou de moutons dans son champ d'avoine, n'avait pas le droit d'y passer armé d'un fusil. Cela a été décidé par arrêt du 24 avril 1823. La Cour d'Angers a décidé que le ministère public pouvait poursuivre le propriétaire qui chasse dans sa propre vigne non vendangée.

La loi nouvelle fait cesser un état de choses qui était oppressif. Le fait de chasse dans les récoltes pris isolément n'est plus un acte punissable. Ce n'est plus qu'une circonstance aggravante d'un délit de chasse sur le terrain d'autrui sans la permission du propriétaire. Ce n'est qu'une circonstance; et seule elle ne constitue pas un délit. Ainsi, quand la chasse est ouverte, le propriétaire a droit de chasser dans ses récoltes ou de permettre qu'on y chasse. Ce fait ne saurait donner lieu à une poursuite. Pour devenir répréhensible; il faut qu'il soit joint à un autre fait qualifié délit.

2. En faisant une circonstance aggravante de la chasse sur les terres non dépouillées de leurs fruits, la loi veut parler de choses récoltables, et la Cour de cassation avait jugé, sous l'empire du décret de 1790, que la chasse, dans un regain, ne constituait pas le fait de chasse dans une récolte. (31 *Janvier* 1840. *Dalloz*. 1840, 1—397).

3. La cour de Douai a décidé le 21 septembre 1840, qu'il n'y a pas de délit à chasser dans un champ de pommes de terre non dépouillé de ses récoltes.

Cette décision est conforme à l'esprit de la loi nouvelle. Le législateur a voulu protéger les fruits auxquels le passage du chasseur ou des chiens peut causer quelque dommage. Et il est évident que le passage du chasseur ne saurait causer aucun dommage aux tubercules qui sont enfouis en terre et qui constituent la récolte; quand à la fane. elle ne forme pas un produit récoltable. Quelques personnes ont prétendu qu'elle pouvait servir à la nourriture des bestiaux ; c'est une erreur ; la fane de la pomme de terre, comme celle de toutes les plantes solanées, a des propriétés délétères qui en rendraient l'emploi dangereux.

Il serait juste d'appliquer la même décision à toutes les plantes dont on ne récolte pas la graine, mais la racine ; comme les carottes, les betteraves ; cependant, à cet égard, la jurisprudence des tribunaux est très partagée. Il est à regretter que quelque disposition de la loi n'ait pas fait cesser une divergence d'opinions qui peut donner lieu à des condamnations et à des méprises fâcheuses.

4. Le droit de suite n'a pas été rétabli par la présente loi ; il ne pouvait pas l'être ; chaque propriétaire en France est maître absolu de son bien ; il en peut interdire l'accès à qui bon lui semble ; et le roi, lui-même, n'a pas le droit de traverser une pièce de terre contre la volonté de celui à qui elle appartient. Il ne pouvait donc entrer dans l'esprit de personne de demander le droit de suite tel que le définissait Pothier : *Si mon voisin a levé sur son fief un gibier, je ne puis, tant que ses chiens sont à sa poursuite, l'empêcher de le suivre sur mon fief.* (*Du droit de propriété*, n° 48.) Cette règle n'existe plus, et le respect que nos

lois professent pour le droit du propriétaire ne permet pas de la rétablir.

5. Mais tout le monde sait que, lorsque des chiens courans ont une fois lancé une pièce de gibier, il n'est plus possible au veneur de diriger la meute; elle suit la voie du gibier qui fuit devant elle. Le talent du chasseur, pour bien placer les relais, consiste à juger quelle direction la chasse prendra. Il présume qu'elle sera cette direction ; mais elle ne dépend en aucune manière de sa volonté. Souvent la marche capricieuse du gibier déroute toutes ses prévisions. Si l'animal sort de la propriété où il a été attaqué; s'il passe sur un autre domaine, les chiens attachés à sa voie l'y suivent. Ce fait des chiens qui passent sur le fonds d'autrui, quelquefois sans le concours du veneur ou même contre sa volonté, ne saurait être considéré comme un délit.

Cependant la Cour royale de Douai, sous l'empire de la loi de 1790, a décidé deux fois, les 11 février 1843 et 3 mars suivant, que le maître d'un chien courant commet un délit de chasse quand ce chien passe à la suite du gibier sur une propriété voisine, bien que le maître ait tout fait pour le rappeler et pour le retenir. (*Affaire Robaulx de Beaurieux.*)

Le § 2 de l'art. 11 ne permet plus une semblable décision, toutes les fois que le passage des chiens, sur le terrain d'autrui, est indépendant de la volonté de leur maître; lorsque le veneur, respectant la propriété sur laquelle il n'a pas droit de chasser, se sera arrêté à sa limite, lorsqu'il n'aura pas excité ses chiens à suivre le gibier sur le terrain d'autrui, alors il n'y a pas délit de chasse et nulle peine ne doit être prononcée.

6. Il n'en serait pas de même si le chasseur avait excité des chiens à suivre le gibier sur le terrain d'autrui, ou s'il les y avait suivis; dans ces deux cas il y aurait évidemment délit. Il y aurait surtout délit dans le fait du chasseur qui aurait envoyé ses chiens quêter sur la propriété voisine et qui attendrait sur la limite de sa terre, dans l'espoir que ses chiens lui amèneront le gibier. Ce serait là un acte très répréhensible. Au reste, la loi n'a pas posé de principe absolu. En se servant de cette expression facultative, *pourra ne pas être considéré, etc.*, elle a laissé aux tribunaux le droit d'examiner les circonstances qui accompagneront le passage des chiens sur le terrain d'autrui. Les magistrats pourront chercher dans la conduite du veneur le motif de leur décision.

7. L'art. 1385 du Code civil, s'exprime ainsi : « Le propriétaire d'un animal, ou celui » qui s'en sert, pendant qu'il est à son usage, » est responsable du dommage que l'animal a

» causé, soit que l'animal fût sous sa garde, » soit qu'il fût égaré ou échappé. » Cette règle est applicable à tous les cas où le passage des chiens sur le domaine d'autrui aura causé quelque dégât. Le propriétaire de la meute en sera toujours responsable.

Art. 12.

Seront punis d'une amende de 50 à 200 francs, et pourront en outre l'être d'un emprisonnement de six jours à deux mois :

1° Ceux qui auront chassé en temps prohibé ;

2° Ceux qui auront chassé pendant la nuit, ou à l'aide d'engins et instrumens prohibés, ou par d'autres moyens que ceux qui sont autorisés par l'art. 9 ;

3° Ceux qui seront détenteurs ou ceux qui seront trouvés munis ou porteurs, hors de leur domicile, de filets, engins ou autres instrumens de chasse prohibés ;

4° Ceux qui, en temps où la chasse est

prohibée, auront mis en vente, vendu, acheté, transporté ou colporté du gibier ;

5° Ceux qui auront employé des drogues ou appâts qui sont de nature à enivrer le gibier ou à le détruire ;

6° Ceux qui auront chassé avec appeaux, appelans ou chanterelles.

Les peines déterminées par le présent article pourront être portées au double contre ceux qui auront chassé pendant la nuit sur le terrain d'autrui et par l'un des moyens spécifiés au parag. 2, si les chasseurs étaient munis d'une arme apparente ou cachée.

Les peines déterminées par l'art. 11 et par le présent article seront toujours portées au maximum lorsque les délits auront été commis par les gardes-champêtres ou forestiers des communes, ainsi que par des gardes-forestiers de l'Etat et des établissemens publics.

1. Tous les officiers publics ou fonctionnaires chargés de surveiller ou de réprimer les délits de chasse, sont passibles du maximum pour les délits de chasse qu'ils commettent sur le territoire où ils exercent leurs fonctions.

Aux termes de l'art. 198 du Code pénal, le

fonctionnaire ou l'officier public qui a participé aux délits qu'il était chargé de surveiller doit subir le maximum de la peine. Le dernier paragraphe de l'art. 12 ne fait que consacrer ce principe à l'égard des gardes-champêtres ou forestiers, mais il n'empêche pas que l'art. 198 ne reçoive son application, lorsqu'un délit de chasse sera commis par un des fonctionnaires ou magistrats chargés de réprimer les délits de cette nature. Ainsi la cour de Rouen a jugé que le substitut du procureur du roi qui commet un délit de chasse doit être condamné au maximum de la peine. Cette décision est encore en harmonie avec la loi nouvelle.

Le paragraphe 4 de l'art. 7 interdit d'une manière absolue le droit de chasse aux gardes-champêtres, aux gardes-forestiers de l'Etat et des établissemens publics et aux gardes-pêche. Ainsi, en quelque endroit qu'ils commettent un délit de chasse, le maximum doit leur être appliqué. Mais les autres fonctionnaires ne sont nécessairement punis du maximum que lorsqu'ils ont commis sur le territoire même soumis à leur surveillance le délit qu'ils étaient chargés de réprimer, et la Cour de cassation a fait application de ce principe, lorsqu'elle a décidé, par un arrêt du 22 février 1839, qu'un garde-général ne doit pas nécessairement être condamné au maximum de la peine, pour un délit de chasse qu'il a commis hors du sol forestier soumis à sa surveillance.

Art. 13.

Celui qui aura chassé sur le terrain d'autrui sans son consentement, si ce terrain est attenant à une maison habitée ou servant à l'habitation, et s'il est entouré d'une clôture continue faisant obstacle à toute communication avec les héritages voisins, sera puni d'une amende de 50 à 300 francs, et pourra l'être d'un emprisonnement de six jours à trois mois.

Si le délit a été commis pendant la nuit, le délinquant sera puni d'une amende de 100 à 1,000 francs, et pourra l'être d'un emprisonnement de trois mois à deux ans, sans préjudice, dans l'un et l'autre cas, s'il y a lieu, à de plus fortes peines prononcées par le Code pénal.

ART. 14.

Les peines déterminées par les trois articles qui précèdent pourront être portées au double, si le délinquant était en état de récidive, s'il était déguisé ou masqué, s'il a pris un faux nom, s'il a usé de violences envers les personnes ou s'il a fait des menaces, sans préjudice, s'il y a lieu, de plus fortes peines prononcées par la loi.

Lorsqu'il y aura récidive dans les cas prévus en l'art. 11, la peine de l'emprisonnement de six jours à trois mois pourra être appliquée, si le délinquant n'a pas satisfait aux condamnations précédentes.

1. Le meurtre volontaire, précédé, suivi ou accompagné d'un délit de chasse, entraîne la peine capitale.

2. La loi punit la rébellion commise contre les gardes-champêtres de peines plus ou moins sévères, suivant la gravité des circonstances.

1. Les infractions aux dispositions prohibitives de la présente loi sont punies de peines correctionnelles. elles sont donc des délits.

Si une de ces infractions est accompagnée d'un meurtre volontaire, il y a lieu d'appliquer l'art. 304 du Code pénal :

« Le meurtre entraînera la peine de mort » lorsqu'il aura précédé, accompagné ou suivi » un autre délit. »

Il n'est pas inutile de rappeler aux chasseurs que toute attaque, toute résistance avec violence et voie de fait envers les gardes champêtres ou forestiers ou envers les officiers ou agens de la police administrative ou judiciaire, est, suivant les circonstances, qualifiée de crime ou de délit de rébellion et qu'elle est punie des peines suivantes :

Art. 210. Si elle a été commise par plus de vingt personnes armées, les coupables seront punis des travaux forcés à temps; et, s'il n'y a pas eu port d'armes, ils seront punis de la réclusion.

Art. 211. Si la rébellion a été commise par une réunion de trois personnes ou plus, jusqu'à vingt inclusivement, la peine sera la réclusion ; s'il n'y a pas eu port d'armes, la peine sera un emprisonnement de six mois au moins et deux ans au plus.

Art. 212. Si la rébellion n'a été commise que par une ou deux personnes avec armes, elle sera punie d'un emprisonnement de six mois à deux ans; et, si elle a eu lieu sans armes, d'un emprisonnement de six jours à six mois.

ART. 15.

Il y a récidive, lorsque, dans les douze mois qui ont précédé l'infraction, le délinquant a été condamné en vertu de la présente loi.

ART. 16.

Tout jugement de condamnation prononcera la confiscation des filets, engins et autres instrumens de chasse ; il ordonnera en outre la destruction des instrumens de chasse prohibés.

Il prononcera également la confiscation des armes, excepté dans le cas où le délit aura été commis par un individu muni d'un permis de chasse dans le temps où la chasse est autorisée.

Si les armes, filets, engins ou autres instrumens de chasse n'ont pas été saisis, le délinquant sera condamné à les représenter ou à en payer la valeur, suivant la fixation qui en sera faite par le jugement, sans qu'elle puisse être au dessous de 50 fr.

Les armes, engins ou autres instrumens de chasse abandonnés par les délinquans restés inconnus, seront saisis et déposés au greffe du tribunal compétent. La confiscation, et s'il y a lieu, la destruction, en seront ordonnées sur le vu du procès-verbal.

Dans tous les cas, la quotité des dommages-intérêts est laissée à l'appréciation des tribunaux.

1. Les filets doivent toujours être confisqués.

2. Le fusil ne doit être confisqué que pour délit de chasse en temps prohibé, ou pour délit de chasse sans permis.

3. Le délit de chasse sur le terrain d'autrui, sans la permission du propriétaire, cause à celui-ci un préjudice moral qui suffit pour motiver une condamnation à des dommages-intérêts, encore que nul dommage matériel n'ait eu lieu.

1. Une des questions les plus difficiles qu'avait soulevées le décret de 1790, était de savoir si la confiscation des filets devait être ordonnée. La Cour de cassation s'était pro-

noncée pour la négative, et M. Pascalis, avocat général, avait soutenu que la disposition de l'art. 11 du Code pénal qui ordonne la saisie de l'instrument de délit, ne pouvait pas être appliquée au délit de chasse. L'art. 16 de la présente loi met fin à toute controverse. Les filets, engins et armes doivent être confisqués.

2. Il existe cependant une dérogation à ce principe général; on a trouvé qu'il était trop rigoureux de saisir l'arme quand la chasse est ouverte et que le chasseur a fait preuve de son respect pour la loi en obtenant un permis, ce sont là des circonstances qui atténuent considérablement sa faute ; aussi, lorsque cette double circonstance se rencontre, l'art. 16 décide que le fusil ne doit pas être confisqué.

3. Le décret de 1790 fixait à dix francs le *minimum* des dommages-intérêts qui devaient être accordés au propriétaire. La Cour de cassation avait jugé, le 23 février 1839, qu'un tribunal violait la loi lorsqu'il refusait de condamner le délinquant à payer ces dommages sous le prétexte que le propriétaire n'avait éprouvé aucun préjudice; le fait de chasse sur le terrain d'autrui contre sa volonté, a dit la Cour suprême, est une violation de son droit qui suffit pour exiger une réparation. (*Dalloz*, 1839-1-393.) Les principes de cet

arrêt sont extrêmement sages; ils sont conformes à la loi romaine qui donnait l'action *injuriarum* au propriétaire contre le chasseur qui avait chassé sur sa terre malgré sa défense. C'est qu'en effet la violation du droit du propriétaire est, dans ce cas, une espèce d'injure qui lui est adressée; il est juste qu'il obtienne une réparation. La loi de 1790 avait fixé un *minimum* de dix francs; la loi actuelle agit plus sagement encore en laissant aux tribunaux, dans tous les cas, l'appréciation des dommages-intérêts. On n'a pas voulu qu'un propriétaire pût faire un objet de spéculation des poursuites qu'il dirigerait contre les chasseurs, et la plus grande latitude a été laissée aux magistrats.

ART. 17.

En cas de conviction de plusieurs délits prévus par la présente loi, par le Code pénal ordinaire ou par les lois spéciales, la peine la plus forte sera seule prononcée.

Les peines encourues pour des faits pos-

térieurs à la déclaration du procès-verbal de contravention, pourront être cumulées, s'il y a lieu, sans préjudice des peines de la récidive.

L'art. 365 du Code d'instruction veut qu'en cas de conviction de plusieurs crimes ou délits la peine la plus forte soit *seule* prononcée ; mais on avait jugé que cette prescription ne s'appliquait pas aux lois spéciales. (*Cour de Bourges*, *4 juin* 1840. — *Dalloz* 1841. — 2, *p*. 89.) La Cour de cassation avait décidé que l'amende prononcée par le décret de 1790 et celle portée par le décret de 1812 devaient se cumuler. (*Cassation*, 28 *novembre* 1828. — *Dalloz*, 1829-1-41.) La même Cour avait jugé, au contraire, que l'amende prononcée par le décret de 1812 ne pouvait pas être appliquée simultanément avec celle prononcée par l'ordonnance de 1669 pour délit de chasse dans les bois de la Couronne. (*Cassation*, 4 *mai* 1821.) Elle avait décidé enfin que le fait de chasse, sans permis et avec une arme de guerre, n'est pas passible des deux peines prononcées par le décret de 1812 et par la loi du 24 mai 1834 ; mais seulement de la plus forte de ces deux peines.

L'art. 17 de la loi nouvelle met fin à ces

incertitudes de la jurisprudence. Les rédacteurs de la loi nouvelle se sont efforcés de la faire rentrer, autant que cela était possible, dans les principes généraux de notre droit criminel. En cas de conviction de plusieurs délits, la peine la plus forte sera seule appliquée.

Art. 18.

En cas de condamnation pour délits prévus par la présente loi, les tribunaux pourront priver le délinquant du droit d'obtenir un permis de chasse, pour un temps qui n'excèdera pas cinq ans.

Art. 19.

La gratification mentionnée en l'art. 10 sera prélevée sur le produit des amendes.

Le surplus desdites amendes sera attribué aux communes sur le territoire desquelles les infractions auront été commises.

ART. 20.

L'art. 463 du Code pénal ne sera pas applicable aux délits prévus par la présente loi.

L'art. 20 ne fait que consacrer un principe admis par la jurisprudence. La Cour de cassation avait jugé, en 1836. que l'art. 463 du Code ne peut pas s'appliquer aux délits de chasse.

La Cour de Grenoble avait décidé aussi, par le même principe, qu'en matière de délit de chasse sans permis de port d'armes, le prévenu ne peut être renvoyé de la plainte pour avoir agi sans discernement. (*Cour de Grenoble*, 12 *janvier* 1825; — *Denevers* 1826, *p.* 166.)

La Cour de cassation avait décidé dans le même sens. (*Cassation*, 5 *juillet* 1839. — *Dalloz*, 1839, 1-409.)

SECTION III.

De la poursuite et du jugement.

Art. 21.

Les délits prévus par la présente loi seront prouvés, soit par procès-verbaux ou rapports, soit par témoins, à défaut de rapports et procès-verbaux ou à leur appui.

1. De la forme des procès-verbaux et rapports, quand ils peuvent être faits de vive voix, quand ils doivent être écrits en entier de la main du rédacteur.

2. Enonciations que doit contenir le procès-verbal : La date, — le nom et la qualité du rédacteur, — sa demeure, — les insignes dont il était revêtu, — les circonstances du délit, — la désignation du délinquant.

3. La preuve testimoniale peut être faite en matière de délits de chasse, et la loi ne détermine en aucune manière le nombre de dépositions d'après lesquelles les magistrats devront former leur conviction.

4. Les rédacteurs des procès-verbaux peuvent encore être entendus comme témoins.

5. Les gardes et autres officiers de la police ju-

diciaire ne peuvent constater, par leurs procès-verbaux, que les délits commis sur le terrain dont ils ont la garde ; mais ils ont droit comme tout citoyen de dénoncer à la justice les délits qui viennent à leur connaissance, en quelque endroit que ces délits aient été commis, pourvu que ce soient des délits contre l'ordre public.

1. Les procès-verbaux ou rapports peuvent être écrits ou faits de vive voix.

Ils doivent être écrits lorsqu'ils sont dressés par un garde forestier (*art. 165 du Code forestier*) ou par un garde-pêche. (*Art. 44 du Code de la pêche fluviale.*)

Néanmoins, lorsqu'un accident empêche que le garde-forestier ou le garde-pêche écrive le procès-verbal, cet acte doit être écrit par le maire ou par l'adjoint, par le juge de paix ou par l'un de ses suppléans.

Dans ce cas, lecture doit être donnée au garde et mention doit en être faite, à peine de nullité. Il faut aussi que le procès-verbal fasse mention de la cause qui met obstacle à ce que le garde écrive lui-même. Mais cette dernière mention n'est pas requise à peine de nullité. (*Cass.*, *1 août* 1828. *Sirey*, 28-1-395.)

Les procès-verbaux ou rapports des gardes-champêtres et ceux des gardes particuliers peuvent être faits par écrit ou bien de vive voix.

« Le rapport fait de vive voix par un garde » et écrit par un fonctionnaire public ayant » caractère, est valable, quoique non signé du » garde. Les lois qui ont institué les gardes- » champêtres n'exigent pas qu'ils sachent » écrire et signer. » (*Henrion de Pansey*, *de la Police rurale*.)

Les fonctionnaires qui ont caractère pour recevoir le rapport du garde et pour le consigner par écrit sont : les commissaires de police, les maires et les adjoints (*art.* 2 *du Code d'instruction criminelle*), les juges de paix et leurs suppléans. (*Loi du* 25 *décembre* 1790.)

Le décret du 28 floréal an x autorise encore le garde-champêtre à faire écrire son procès-verbal par le greffier du juge de paix. (*Arrêt de la Cour royale de Lyon*, 8 *décembre* 1825. — *Denevers*, 1826, *p.* 103. — *Cassation*, 26 *juillet* 1821 ; *Bulletin officiel*, *n°* 120.)

Le procès-verbal qui n'est pas écrit par le garde lui-même ou par l'un des fonctionnaires qui viennent d'être dénommés est nul. (*Cour de cassation*, 1er *juillet* 1813. — *Dalloz*, *v° Procès-verbal*, *section* II, *art.* 4 ; *autre arrêt de cassation dans le même sens*, *du* 26 *juillet* 1821.)

Le procès-verbal est nul quand le garde qui constate le délit le fait écrire par un autre garde, encore que le délit ait été commis sur le territoire dont ce dernier a la surveillance. (*Cassation*, 2 *décembre* 1819. — *Denevers*, 17-1-639.)

Les procès-verbaux des maires, adjoints, commissaires de police, officier, maréchal-des-logis ou brigadier de gendarmerie, gendarmes, agens forestiers, gardes généraux, gardes à cheval doivent toujours être écrits en entier de leur main.

2. Le procès-verbal doit être daté ; mais il n'est pas nécessaire qu'il fasse mention de l'heure à laquelle il a été dressé ; cela a été jugé par la Cour de cassation. (*Denevers*, 1823, p. 264.)

La date peut d'ailleurs être suppléée par les énonciations du procès-verbal ou de l'affirmation. (*Cassation*, 30 *novembre* 1811. — *Sirey*, 12-1-76.)

Le procès-verbal doit énoncer le nom du fonctionnaire qui constate le délit, et sa qualité.

L'indication de sa demeure est aussi une indication utile. Néanmoins, si elle avait été omise, cela ne serait pas une nullité. (*Cassation*, 27 *juin* 1812. — *Denevers*, 548.)

Il n'est pas requis à peine de nullité que le rédacteur du procès-verbal ait énoncé qu'il était revêtu de ses marques distinctives. (*Cour de cassation*, 11 *octobre* 1821. — *Dalloz*. *v° procès-verbal*.)

Il n'est pas nécessaire pour la régularité du procès-verbal que le rédacteur ait été revêtu du signe caractéristique de ses fonctions. Toutes les fois qu'on veut forcer la volonté d'un citoyen, s'introduire dans son domicile, et faire un acte quelconque qui peut attirer une résistance de sa part, il faut, pour rendre la rébellion inexcusable, que l'officier public soit revêtu de son costume ; mais quand il s'agit seulement de constater un fait, il ne faut qu'une chose, c'est avoir caractère. (*Cassation*, 11 *novembre*. 1826. — *Sirey*, 27-1-327.)

Le procès-verbal doit relater les circonstances du délit, mais il n'est pas indispensable qu'il constate que l'arme du délinquant était chargée.

Le procès-verbal doit désigner clairement la personne à laquelle le délit est imputé ; mais il n'est pas nécessaire qu'il la désigne par son nom, il suffit que l'indication soit telle qu'il ne puisse y avoir d'erreur sur la personne. (*Cassation*, 26 *janvier* 1816. — *Sirey*, 16-1-248.)

5. Les délits de chasse peuvent être prouvés par témoins. L'article 11 du décret de 1790 exigeait la déposition de deux témoins. La Cour de cassation a déjà décidé que cette disposition qui, pour former la conviction du juge, exige la comparution de deux témoins.

est abrogée par les art. 154, 155 et 189 du Code d'instruction criminelle, qui règlent la manière dont la preuve testimoniale doit être faite en matière correctionnelle. (*Cassation*, 26 *août* 1830. — *Dalloz*, 1830, 1-362.— 7 *février* 1835. — *Sirey*, 35-1-364.)

Ces décisions de la Cour suprême sont en parfaite harmonie avec la loi nouvelle qui n'a pas reproduit la prescription du décret de 1790. Les juges peuvent donc s'en rapporter à la déposition d'un seul témoin s'ils la trouvent concluante ; et ils ne sont pas tenus de baser leur décision sur les dépositions des témoins, quelque nombreux qu'ils soient, si ces témoins ne leur inspirent pas de confiance.

4. Les rédacteurs des procès-verbaux qui ont été annulés pour vice de forme peuvent être entendus comme témoins. (*Cassation*, 9 *mai* 1807. — *Sirey*, 7-2-133. — *Cassation*, 3 *février* 1820. — *Sirey*, 20-1-186. — *Cassation*, 24 *février* 1820.— 21 *juillet* 1820. — *Bulletin crim.*, 1820, p. 53 88.) Ils peuvent encore être entendus pour donner des explications sur leur procès-verbal attaqué par la preuve contraire.

5. Les gardes-champêtres n'ont caractère pour constater des délits que lorsqu'ils sont commis sur le territoire de la commune dont

la garde leur est confiée. Les gardes assermentés des particuliers ne peuvent dresser de procès-verbaux que pour les délits commis sur la propriété même du maître qui les a fait assermenter. Et, en général, un officier de police judiciaire ne peut instrumenter que sur le territoire auquel s'étend sa juridiction. Si cependant il était témoin d'un délit commis dans un autre endroit, il n'aurait pas le pouvoir de rédiger un procès-verbal ; mais, comme tout témoin d'un délit, il pourrait adresser à la justice une dénonciation. Il y a cette différence entre le procès et la dénonciation, que le procès-verbal régulier fait foi, jusqu'à preuve contraire (*art.* 22), tandis que la dénonciation est un simple renseignement donné à la justice ; elle ne fait foi de rien. Mais sur la dénonciation, le ministère public peut exercer des poursuites, et le tribunal de police correctionnelle peut entendre le dénonciateur comme témoin. (*Art.* 323 *du Code d'instruct. crim.*) C'est alors à la conscience des magistrats à décider si le délit est suffisamment prouvé.

Au reste pour que la dénonciation puisse produire un effet, il faut qu'il soit question d'un délit qui puisse être poursuivi d'office par le procureur du roi ; c'est à dire d'un délit qui intéresse l'ordre public. (*Voyez art.* 26.) Ainsi, qu'un garde, en faisant pendant la *nuit* une ronde sur son terrain, aperçoive un braconnier sur le terrain voisin, il ne peut pas constater le fait par un procès-verbal ; mais la *chasse de nuit* est un délit contre l'ordre public. Le garde peut dénoncer le délit au procureur du roi qui, certainement, ne laissera pas cet acte de braconnage sans répression.

Art. 22.

Les procès-verbaux des maires et adjoints, commissaires de police, officier, maréchal-des-logis ou brigadier de gendarmerie, gendarmes, gardes-forestiers, gardes-pêche, gardes-champêtres ou gardes assermentés des particuliers, feront foi jusqu'à preuve contraire.

1. De la nomination des gardes-forestiers ou des gardes-pêche, et des conditions qui sont exigées d'eux.
2. De la nomination des gardes-champêtres et des conditions qui sont exigées d'eux.
3. De la nomination des gardes particuliers, des conditions qui sont exigées d'eux.

4. Tous les gardes prêtent serment devant le tribunal de première instance.

5. Les gardes doivent être, pour les délits qu'ils commettent dans leurs fonctions, traduits devant les cours royales.

6. Les gardes-forestiers, pour les délits commis dans l'exercice de leurs fonctions, ne peuvent être poursuivis sans autorisation de l'administration.

7. En matière de chasse, les procès-verbaux ne font foi que jusqu'à preuve contraire.

1. Le Code forestier règle, de la manière suivante, les conditions exigées des gardes-forestiers et autres agens de l'administration forestière :

« 3. Nul ne peut exercer un emploi forestier » s'il n'est âgé de vingt cinq ans accomplis ; néanmoins les élèves, sortant de l'Ecole forestière, pourront obtenir des dispenses d'âge.

» 4. Les emplois de l'administration forestière sont incompatibles avec toutes autres » fonctions, soit administratives, soit judiciaires.

» 5. Les agens et préposés de l'administration forestière ne pourront entrer en fonctions qu'après avoir prêté serment devant » le tribunal de première instance de leur résidence, et avoir fait enregistrer leur commission et l'acte de prestation de leur serment au greffe des tribunaux, dans le ressort

» desquels ils devront exercer leurs fonctions.

» Dans le cas d'un changement de résidence » qui les placerait dans un autre ressort en la » même qualité, il n'y aura pas lieu à une au» tre prestation de serment. »

Les mêmes conditions sont exigées des gardes-pêche qui, aux termes de l'art. 37 du Code, sur la pêche fluviale, sont assimilés aux gardes-forestiers.

Le procès-verbal dressé par un agent forestier, âgé de moins de vingt-cinq ans, qui n'a pas obtenu une dispense d'âge, est un acte nul. (*Cassation*, 19 *juillet* 1807. *Sirey*. 7, 1—125.)

Nul ne peut être reçu garde-forestier, s'il ne sait la langue française. (*Décret du* 2 *nivôse an* XIV.)

2. L'ordonnance royale du 29 novembre 1820, règle, de la manière suivante, la nomination des gardes-champêtres:

ART. 1er. Le choix des gardes-champêtres sera fait par les maires et approuvé par les conseils municipaux; le sous-préfet de l'arrondissement leur délivrera une commission.

ART. 2. Le changement ou la destitution des gardes, ne pourra être prononcé que par le sous-préfet sur l'avis du maire et du conseil municipal du lieu; le sous-préfet soumettra son arrêté à l'approbation du préfet.

ART. 5 de la loi du 6 octobre 1791. Les

gardes-champêtres seront au moins âgés de vingt-cinq ans ; ils seront reconnus pour gens de bonnes mœurs, etc.....

3. Tout propriétaire a droit d'avoir un ou plusieurs gardes pour la conservation de ses propriétés rurales et forestières. Il est tenu de le faire agréer par le sous-préfet de l'arrondissement sauf recours au préfet en cas de refus.

Le propriétaire qui a un garde particulier. n'est pas dispensé pour cela de contribuer au paiement du garde de la commune. (*Art.* 4 *de la loi du* 20 *messidor an* III, *art.* 40 *de la loi du* 3 *brumaire an* IV ; *art.* 117 *du Code forestier.*)

Les fermiers ont le droit de nommer un garde particulier pour la conservation de leurs récoltes. (*Cassation*, 27 *brumaire an* XI. *Sirey*, 3, 2—392.)

Ce garde doit être agréé par le conseil municipal et confirmé par le sous-préfet, conformément à la loi du 20 messidor an III, et à l'ordonnance du 29 novembre 1820. (*Cassation*, 1823. *Denevers*, *p.* 347.)

4. Les gardes-champêtres, gardes-forestiers, gardes-pêche, gardes particuliers, avant d'entrer en fonctions, doivent prêter, devant le tribunal civil de première instance, serment de fidélité au roi des Français, d'obéissance à la

charte constitutionnelle et aux lois du royaume. (*Loi du 31 août* 1830.)

Le garde d'un particulier étant comme le garde d'une commune, officier de police judiciaire, ne peut être admis à la prestation de serment que sur la réquisition du ministère public. Il ne pourrait être admis avec la simple assistance d'un avoué. (*Cassation*, 20 *septembre* 1823. *Sirey*, 24, 1—98.)

Les gendarmes prêtent également serment, la formule de leur serment est déterminée par la loi du 21 juin 1836.

5. Tous les officiers de police judiciaire, et de ce nombre sont les gardes-champêtres et forestiers, ne peuvent être poursuivis pour les délits commis par eux, dans l'exercice de leurs fonctions, que devant la Cour royale. Il en est de même des gardes particuliers. (*Cassation*, 16 *février* 1821. — *Bulletin criminel*, 1821, *p.* 55.)

6. Comme agens de l'administration, les gardes-forestiers jouissent d'une autre garantie. Pour les actes qui ont lieu dans l'exercice de leurs fonctions administratives, ils ne peuvent être poursuivis qu'après autorisation de l'administration générale des forêts. (*Cassation*, 24 *décembre* 1824. *Sirey*, 25, 1—233.— *Cassation*, 7 *décembre* 1809. *Sirey*, 10, 1—262.)

Mais ils peuvent être poursuivis sans autorisation, pour les délits commis en dehors de leurs fonctions. (*Ordonnance du roi*, 19 *février* 1823. — *Sirey*, 24-2-445.)

Les gardes-champêtres ne sont pas fonctionnaires publics ; ils peuvent être mis en jugement sans autorisation préalable. (*Cassation*, 19 *août* 1808. — *Sirey*, 9-1-128.)

Les gardes particuliers peuvent être poursuivis sans autorisation. (*Ordonnance royale du* 22 *juillet* 1818.)

7. Sous l'empire de la loi ancienne les procès-verbaux dressés par quelques officiers de police judiciaire, même en matière de délit de chasse, faisaient foi jusqu'à inscription de faux. Il existe une immense quantité d'arrêts sur cette matière ; mais il n'est pas nécessaire de s'en occuper. L'art. 22 établit, d'une manière générale, qu'en matière de délit de chasse, les procès-verbaux, quels qu'ils soient, feront foi seulement jusqu'à preuve contraire.

Les simples gendarmes ne sont point rangés au nombre des officiers judiciaires ; aussi leurs procès-verbaux n'étaient, jusqu'à la loi actuelle, considérés que comme de simples dénonciations. Ils ne pouvaient pas faire foi en justice. Cela avait été décidé par des arrêts de cassation des 3 février 1820 et 11 novembre

1808. (*Dalloz*, *v° procès-verbal.*) Il est vrai que la même Cour a jugé dans un sens abolument contraire, le 30 juillet 1825 (*Sirey*, 25, 1—367); le 30 octobre 1827 (*Bulletin officiel*, *n°* 290); et le 2 août 1828 (*Dalloz*, 1828, 1—348). La loi sur la police de la chasse met fin à cette divergence d'opinions. L'art. 22 attribue aux procès-verbaux des gendarmes en matière de délits de chasse, une autorité que jusqu'à ce jour on pouvait leur contester.

Les procès-verbaux ne font preuve que des faits matériels constatés par les rédacteurs, et non des conséquences que les gardes en ont tirées. (*Cour de cassation*, *arrêt de rejet*, 1er *mars* 1822. *Sirey*, 22, 1—273.)

La foi due au procès-verbal d'un garde, n'est pas infirmée, parce qu'il l'aurait dressé contre un de ses parens; un garde peut verbaliser même contre son frère. (*Cassation 7 novembre* 1817. *Sirey*, 18, 1—168.)

Les procès-verbaux dressés par les gardes faisant foi jusqu'à preuve contraire, tant que cette preuve contraire n'est pas faite, un tribunal ne peut renvoyer le prévenu du délit de chasse constaté par un procès-verbal en déclarant que le délit n'est pas suffisamment prouvé. (*Cassation*, 26 *janvier* 1826.—*Dalloz*, 1826, 1-200.)

Art. 23.

Les procès-verbaux des employés des contributions indirectes et des octrois, feront également foi jusqu'à preuve contraire, lorsque, dans la limite de leurs attributions respectives, ces agens rechercheront et constateront les délits prévus par le paragraphe 1er de l'art. 4.

L'art. 23 est une dérogation aux dispositions du décret du 1er germinal an XIII, à la loi du 8 octobre 1814, à l'ordonnance du 9 du même mois, et à l'art. 8 de la loi du 27 frimaire an VIII. Ces lois établissant que les procès-verbaux des employés des contributions indirectes et de l'octroi feront foi jusqu'à inscription de faux.

Voici le décret, du 1er germinal an XIII, sur les droits réunis :

Art. 21. Les procès-verbaux énonceront la date et la cause de la saisie, la déclaration qui en aura été faite au prévenu, les noms, qualités et demeures des saisissans, et de celui chargé des poursuites ; l'espèce, poids ou mesure, des objets saisis, et la présence de la partie à leur description ou la sommation qui lui aura été faite d'y assister ; le nom et la qualité du gardien, s'il y a lieu ; le lieu de la rédaction du procès-verbal et l'heure de sa clôture.

Art. 24. Si le prévenu est présent, le procès-verbal énoncera qu'il lui en a été donné lecture et copie : en cas d'absence du prévenu, la copie sera affichée dans le jour à la porte de la maison commune du lieu de la saisie.

Ces procès-verbaux et affiches pourront être faits tous les jours indistinctement.

Art. 25. Les procès-verbaux seront affirmés au moins par deux des saisissans, dans les trois jours, devant le juge de paix ou l'un de ses suppléans ; l'affirmation énoncera qu'il en a été donné lecture aux affirmans.

Art. 26. Les procès-verbaux ainsi affirmés seront crus jusqu'à inscription de faux. Les tribunaux ne pourront admettre contre lesdits procès-verbaux d'autres nullités que celles résultant de l'omission des formalités prescrites par les articles précédens.

Loi du 8 décembre 1814 :

Art. 242. Les actes inscrits par les employés dans le cours de leurs exercices, sur leurs registres portatifs auront foi en justice jusqu'à inscription de faux.

Voici maintenant ce qui concerne les employés de l'octroi. Ordonnance du 9 décembre 1814 :

Art. 58. Les préposés de l'octroi doivent être âgés au moins de vingt et un ans accomplis. Ils sont tenus de prêter serment devant le tribunal civil de la ville dans laquelle ils exerceront et, dans les lieux où il n'y a pas de tribunal, devant le juge de paix. Ce serment est enregistré au greffe, sans qu'il soit nécessaire d'employer le ministère d'avoué.

Art. 75. Toutes contraventions aux droits d'octroi seront constatées par procès-verbaux, lesquels pourront être rédigés par un seul préposé et auront foi en justice. Ils énonceront la date du jour où ils seront rédigés, la nature de la contravention, et, en cas de saisie, la déclaration qui en aura été faite au prévenu ; les noms, qualités et résidence de l'employé verbalisant et de la personne chargée des poursuites ; l'espèce, poids ou mesures des objets saisis, leur évaluation approximative, la présence de la partie à la description ou la sommation qui lui aura été faite d'y assister ; les nom, qualité et l'acceptation du gardien, le lieu de la rédaction du procès-verbal et l'heure de la clôture.

Loi du 27 frimaire an VIII :

Art. 8. Les procès-verbaux constatant la fraude seront affirmés devant le juge de paix dans les 24 heures de leur date, sous peine de nullité, et ils feront foi jusqu'à l'inscription de faux.

L'art. 23 de la présente loi modifie ces dispositions ; et les procès-verbaux des employés des contributions et des octrois, lorsqu'ils constateront un délit de transport, d'achat ou de vente de gibier en temps prohibé, ne feront foi que jusqu'à preuve contraire.

ART. 24.

Dans les vingt-quatre heures du délit, les procès-verbaux des gardes seront, à peine de nullité, affirmés par les rédacteurs devant le juge de paix ou l'un de ses suppléans, ou devant le maire ou l'adjoint, soit de la commune de leur résidence, soit de celle où le délit aura été commis.

1. L'affirmation exigée par la loi est une déclaration faite sous la foi du serment.
2. En matière de délits de chasse, les procès-verbaux des gardes sont seuls soumis à la formalité de l'affirmation.
3. L'affirmation doit être constatée par écrit; elle doit être signée; elle doit avoir lieu dans les vingt-quatre heures.

L'affirmation est un serment prêté par le rédacteur du procès-verbal entre les mains du fonctionnaire commis par la loi pour le recevoir. Le rédacteur atteste, sous la foi du serment, que son procès-verbal contient la vérité.

Il faut que celui qui reçoit l'affirmation,

constate que le garde a *affirmé* le procès-verbal ; la mention mise par le fonctionnaire que le procès-verbal lui a été présenté ne peut tenir lieu de l'affirmation.

Il ne suffit pas que la mention constate que le garde a déclaré son procès-verbal sincère et valable, l'acte d'affirmation doit énoncer que le procès-verbal a été *affirmé*, ou bien, si l'expression de la loi ne s'y trouve pas, elle doit être suppléée par des termes qui en rendent le sens, c'est à dire qu'il doit être exprimé que la sincérité du procès-verbal a été déclarée ***avec serment***. (*Cour de cass.*, 16 *aout* 1811. — 29 *février* 1812. — 20 *mars* 1812. — *Sirey*, — 17-1-323.)

2. L'art. 24 parle seulement des procès-verbaux dressés par les gardes. Il en résulte, qu'en matière de délits de chasse, ce sont les seuls qui soient soumis à l'affirmation. Quant à ceux des employés de l'octroi et des contributions indirectes, ils ne constatent pas des délits de chasse, mais seulement le délit spécial défini par l'art. 4 de la présente loi ; et l'on a vu, en examinant l'art. 23, que leurs procès-verbaux doivent être affirmés.

3. L'affirmation doit, à peine de nullité, être signée par le fonctionnaire qui la reçoit et par le garde qui la fait, mais il suffit que les renvois soient paraphés. (*Cassation*, 23

juillet 1824. — *Journal du Palais*, *tome* II *de* 1825, *page* 235.)

Le délai de vingt-quatre heures fixé par la loi court, non du jour du délit ou de la reconnaissance qui en est faite, mais du jour de la signature du procès-verbal constatant le délit. (*Cassation*, 2 *messidor an* XIII. — *Sirey*, — 5-2-373. — *Cassation*, 8 *janvier* 1807. — *Bulletin crim. an* 1807, *page* 6. — *Cassation*, 7 *mars* 1823. — *Sirey*, — 23-1-248.)

Le délai de vingt-quatre heures se compte de *momento ad momentum* et non de *die ad diem* ; de manière qu'un procès-verbal dressé aujourd'hui, à sept heures du matin, doit, à peine de nullité, avoir été affirmé le lendemain à la même heure. (*Cour de cass., arrêt de rejet.* —5 *janvier* 1800.—*Sirey*, — 7-2-884.— *Cassation*, 8 *janvier* 1807. — *Sirey*, — 16-1-207. — *Cassation*, 19 *janvier* 1810. — *Sirey*, — 16-1-207.)

Art. 25.

Les délinquans ne pourront être saisis ni désarmés ; néanmoins s'ils sont déguisés ou masqués, s'ils refusent de faire connaître leurs noms, ou s'ils n'ont pas de domicile connu, ils seront conduits immédiatement devant le maire ou le juge de paix, lequel s'assurera de leur individualité.

1. Les chasseurs masqués, les vagabonds, les gens sans aveu doivent être arrêtés.
2. Il n'est, sous aucun prétexte, permis de saisir le g bier d'un chasseur.

1. L'art. 25 n'est que la répétition des dispositions de la loi de 1790.

Art. 5. Dans tous les cas, les armes avec lesquelles la contravention aura été commise, seront confisquées, sans néanmoins que les gardes puissent désarmer les chasseurs.

Art. 7. Si les délinquans sont déguisés ou masqués, ou s'ils n'ont aucun domicile connu dans le royaume, ils seront arrêtés sur-le-champ, à la réquisition de la municipalité.

La loi du 14 août 1789 ordonne de désarmer les gens non domiciliés, les vagabonds et les gens sans aveu.

L'art. 179 de l'ordonnance du 29 octobre 1820 charge les gendarmes de saisir les dévastateurs des bois, des récoltes, *les chasseurs masqués*, lorsqu'ils seraient pris sur le fait.

On comprend la sagesse de toutes ces dispositions. Le législateur, pour éviter des collisions qui auraient pu devenir sanglantes, n'a pas permis de désarmer les chasseurs ; mais, lorsque le délit ne se borne pas à un fait de chasse, lorsqu'il se convertit en un acte menaçant pour la tranquillité des citoyens, toutes les considérations d'humanité doivent disparaître devant la nécessité d'assurer la sécurité publique, et les délinquans doivent être saisis.

2. Le gibier n'appartient pas au propriétaire du fonds, mais à celui qui le premier s'en empare (*Voyez à la suite de l'art.* 1er). On ne peut donc pas en dépouiller le chasseur. Le gibier transporté en temps prohibé doit seul être saisi ; et il n'est permis, ni aux gardes, ni aux gendarmes, de fouiller les chasseurs.

ART. 26.

Tous les délits prévus par la présente loi seront poursuivis d'office par le ministère public, sans préjudice du droit conféré aux parties lésées, par l'art. 182 du Code d'instruction criminelle.

Néanmoins, en cas de chasse sur le terrain d'autrui sans le consentement du propriétaire, la poursuite d'office ne pourra être exercée par le ministère public sans une plainte de la partie intéressée, qu'autant que le délit aura été commis dans un terrain clos, suivant les termes de l'art. 2, et attenant à une habitation ou sur des terres non encore dépouillées de leurs fruits.

1. Le fait de chasse sur le terrain d'autrui ne peut être poursuivi que sur la plainte du propriétaire.

2. La poursuite peut avoir lieu sans attendre la plainte, lorsque la chasse a eu lieu dans les récoltes ou dans un enclos dépendant d'une maison d'habitation.

3. L'action doit être portée devant le tribunal

de police correctionnelle de l'arrondissement où le délit a été commis.

4. Les militaires, pour les délits de chasse qu'ils peuvent commettre, sont justiciables des tribunaux de police correctionnelle.

5. Le propriétaire qui se plaint d'un délit de chasse peut citer directement la personne à qui il l'impute devant le tribunal correctionnel. Il peut se borner à déposer une plainte.

6. Le propriétaire qui use de la voie de la citation directe doit toujours être condamné aux dépens envers l'État, sauf son recours, s'il y a lieu, contre le prévenu.

7. Le propriétaire qui emploie la voie de la plainte peut être tenu de déposer la somme nécessaire pour répondre des frais.

8. Mais lorsque la poursuite a lieu d'office, le plaignant n'est pas responsable des dépens.

9. Les offres de dommages-intérêts que fait le prévenu au plaignant ne peuvent empêcher les réquisitions du ministère public.

10. Lorsqu'une exception de propriété est soulevée par le prévenu, le tribunal doit surseoir au jugement de l'action criminelle, jusqu'à ce que la question de propriété ait été jugée par les tribunaux civils.

1. Un délit est une infraction à la loi ; c'est une atteinte, c'est un trouble porté à l'ordre, et le ministère public doit toujours en poursuivre la répression. Mais pour que le procureur du roi ait le droit de déférer un acte aux

tribunaux, il faut que cet acte constitue par lui-même une infraction manifeste de la loi ; il faut qu'il ne puisse pas devenir innocent. Ce n'est pas à dire que le prévenu ne doit pas pouvoir se justifier. Il peut démontrer ou que l'acte qu'on lui impute n'a pas été commis, ou bien que ce n'est pas lui qui l'a commis. Mais le fait en lui-même doit toujours rester un délit. Ainsi, la chasse en temps prohibé, la chasse sans permis, la chasse de nuit, la chasse aux filets, violent des prohibitions de la loi ; voilà des infractions manifestes. Le ministère public doit poursuivre dès que le fait lui est connu.

Mais il se rencontre des faits qui, suivant les circonstances, seront innocens ou coupables ; dans ce cas, et tant que la circonstance qui constitue la criminalité n'est pas démontrée, le fait doit être présumé innocent ; c'est un des principes élémentaires de notre droit criminel que l'innocence se présume.

La chasse sur le terrain d'autrui peut être parfaitement innocente. Tant que le propriétaire ne veut pas défendre la chasse sur son domaine, cette chasse est licite. Le ministère public ne doit donc pas poursuivre le fait de chasse sur le terrain d'autrui, car le fait est présumé innocent, tant que la plainte du propriétaire ne vient pas démontrer le contraire.

Il faut que la plainte ne laisse aucun doute, et elle ne peut pas être suppléée ; ainsi le dépôt fait au parquet du procureur du roi, du procès-verbal qui a été dressé, n'autorise pas le ministère public à poursuivre ; car le procès-verbal prouve uniquement le fait de chasse sur le terrain d'autrui, mais il ne prouve pas que ce fait a eu lieu contre la volonté du propriétaire ; aussi, la cour de cassation a-t-elle décidé, qu'en ce cas, aucune condamnation ne pouvait intervenir. (*Cass.*, 22 *juin* 1815.— *Sirey*, 15-1-197.— 21 *décembre* 1816.)

Tant que le fait peut être innocent, il est présumable qu'il est innocent, et devant cette présomption, le ministère public doit s'arrêter. Ainsi, la chasse sur un terrain communal hors le temps prohibé, n'est un délit que si les communes propriétaires l'ont interdite ; tant qu'elles ne se plaignent pas, le procureur du roi ne peut agir. (*Cass.*, 10 *juillet* 1807. — *Sirey*, — 8-1-449. — 22 *juin* 1815. — *Bulletin officiel, n°* 40.)

2. La loi a fait cependant fléchir ce principe, quand la chasse a lieu dans un enclos dépendant d'une maison d'habitation ou sur un terrain encore couvert de ses récoltes ; dans ces deux cas, la présomption que le fait est innocent cessera, le ministère public aura droit de poursuivre ; mais la preuve faite par

le prévenu qu'il avait obtenu le consentement du propriétaire, fera tomber la poursuite. Car le fait de chasser dans des récoltes, n'est pas un délit, tant qu'il n'est pas joint au fait de chasse sans permission sur le terrain d'autrui.

3. La loi punit les délits de chasse d'une peine supérieure à 16 fr. d'amende ; ils sont donc de la compétence des tribunaux correctionnels. L'action pour un délit de chasse doit être portée devant les tribunaux de police correctionnelle de l'arrondissement où le délit a été commis.

Mais lorsque le délit aura été commis par un officier de police judiciaire, la poursuite devra avoir lieu devant la cour royale.

4. Un avis du conseil d'Etat, approuvé par l'empereur le 4 janvier 1806, décide que, pour les délits de chasse, les militaires sont justiciables des tribunaux correctionnels.

5. Lorsque le propriétaire se plaindra d'un délit de chasse commis sur son domaine, pour en obtenir la répression, il devra suivre les règles tracées pour la procédure criminelle.

Le premier paragraphe de l'art. 26 ne modifie en aucune manière l'art. 182 du Code d'instruction criminelle. « Le tribunal sera » saisi en matière correctionnelle de la con-

» naissance des délits de sa compétence, soit » par le renvoi qui lui en sera fait d'après les » art. 130 et 160 ci-dessus (c'est-à-dire, par » décision de la chambre du conseil ou par » renvoi d'un autre tribunal), soit par la cita- » tion donnée directement au prévenu et aux » personnes civilement responsables du délit » par la partie civile, et à l'égard des délits fo- » restiers par le conservateur, inspecteur ou » sous-inspecteur, ou par les gardes généraux » et *dans tous les cas par le procureur du* » *Roi*. »

Lorsqu'un propriétaire voudra obtenir la réparation d'un délit de chasse, commis sur son domaine, deux voies lui sont donc ouvertes : 1° celle de la citation directe ; 2° celle de la plainte.

6. Lorsque le propriétaire veut user du droit de citation directe il fera délivrer, par huissier, au prévenu une assignation à comparaître devant le tribunal de police correctionnelle. La partie civile fera, par cette citation, élection de domicile dans la ville où siége le tribunal ; la citation doit contenir l'exposé des faits dont se plaint la partie civile. Enfin il doit y avoir au moins trois jours francs entre le jour où la citation est donnée et celui de la comparution.

Voila les seules formalités prescrites, à peine

de nullité et les dispositions du Code de procédure civile sur la forme des exploits qui ne sont pas applicables aux poursuites correctionnelles. (*Cassation*, 2 *avril* 1819. — *Sirey*, 19-1-316.)

L'art. 172 du Code forestier qui exige, à peine de nullité, que la citation contienne copie du procès-verbal et de l'acte d'affirmation, n'est applicable qu'aux matières forestières.

Le propriétaire qui emploie la voie de la citation directe est nécessairement partie civile, et il est nécessaire qu'il soit assisté d'un avoué.

Si les faits imputés, par lui, au chasseur, sont prouvés et constituent un délit, le tribunal condamne le prévenu; mais la partie civile est toujours condamnée aux dépens envers l'État, sauf son recours contre le prévenu. (*Art.* 157 *du tarif des frais en matière criminelle et de police correctionnelle.*) « Ceux qui se seront » constitués parties civiles, soit qu'ils succombent *ou non*, seront personnellement tenus » des frais d'instruction, expédition et signification des jugemens, sauf leur recours » contre les prévenus ou accusés qui seront » condamnés et contre les personnes civilement responsables du délit. »

7. Le propriétaire qui veut user de la voie de la plainte, dépose, entre les mains du procureur du roi, sa plainte et les procès-verbaux

qui constatent le délit. Ce magistrat examine la dénonciation et si le délit ne lui paraît pas probable, il peut refuser absolument de poursuivre. La loi, en disant que le ministère public poursuivra les délits d'office, n'entend pas mettre le procureur du roi au service de toutes les petites haines, de toutes les tracasseries qu'un propriétaire peut inventer contre son voisin; le procureur du Roi, avant tout, apprécie les faits, et si le délit ne lui paraît pas résulter des pièces qui lui sont fournies par le plaignant, il peut lui répondre : Agissez par citation directe.

Si le ministère public trouve seulement que le délit n'est pas évident, il peut demander que le plaignant se porte partie civile et dépose une somme pour assurer le paiement des frais que l'Etat aura à avancer.

160. *Du tarif des frais.* « En matière de police simple ou correctionnelle la partie civile, qui n'aura pas justifié de son indigence, sera tenue, avant toutes poursuites, de déposer au greffe ou entre les mains du receveur de l'enregistrement, la somme présumée nécessaire pour les frais de la procédure. »

8. Si le procureur du roi trouve que le délit est assez évident ou assez grave pour qu'il soit convenable de le poursuivre d'office, il

peut, conformément à l'art. 64, du Code d'inst. crimin., envoyer la plainte au juge d'instruction, qui entend les témoins et fait son rapport à la chambre du conseil ; si cette chambre décide qu'il n'y a pas lieu de suivre, le prévenu ne peut plus être mis en jugement pour le même fait. Le plaignant, en déposant sa plainte, a épuisé son droit, et il ne serait plus recevable à citer directement le prévenu devant le tribunal ; ce serait violer la maxime : *non bis in idem*. (*Cour de cass. — Arrêt de rejet*, 12 *avril* 1812. — *Sirey*, — 17-1-326.)

Le procureur du roi peut encore, lorsqu'il trouve le délit assez évident, citer le prévenu sans instruction préalable devant le tribunal. Dans ces deux cas, lorsque la poursuite a lieu d'office, les frais sont avancés par l'Etat, et, quelque jugement qui intervienne, le propriétaire qui n'est que plaignant, mais qui n'est pas partie en la cause, ne peut être responsable des dépens.

La loi sur la police de la chasse n'a, en aucune manière, dérogé au décret sur la taxe des frais, et il n'est fait, sur ce point, aucun changement.

9. Lorsqu'une action a été introduite par un propriétaire qui se plaint du délit commis sur son terrain, le prévenu ne peut pas, en désintéressant le plaignant, faire disparaître

le caractère de délit attaché à l'acte qui lui est reproché. Les offres qu'il ferait d'une certaine somme, pour dommages et intérêts, ne sauraient arrêter, ni l'action de la partie civile, ni les réquisitions du ministère public. Cela a été ainsi decidé par un jugement du tribunal correctionnel de Reims du 29 décembre 1828, rapporté dans le *Courrier des Tribunaux* du 3 janvier 1829, et cette décision ne saurait être l'objet d'aucune critique raisonnable.

10. Si dans le cours d'une instance le prévenu se prétend propriétaire du terrain sur lequel il a chassé, le tribunal doit surseoir à l'action correctionnelle et déterminer un délai pendant lequel les parties devront faire décider la question de propriété par le tribunal civil.

Néanmoins, ce sursis ne doit avoir lieu qu'autant que l'exception sera fondée, soit sur un titre apparent, soit sur des faits de possession personnels au prévenu et par lui articulés avec précision. Les règles tracées par l'art. 182 du Code forestier seraient, en ce cas, parfaitement applicables.

ART. 27.

Ceux qui auront commis conjointement les délits de chasse, seront condamnés solidairement aux amendes, dommages-intérêts et frais.

Il y a solidarité pour les délits commis en commun ; mais si vous chassez avec une personne qui se rende coupable d'un délit auquel vous ne prenez pas part, vous n'êtes en aucune manière responsable des réparations et des amendes qu'elle encourt. Ainsi, lorsque vous êtes pour votre compte muni d'un permis de chasse, et qu'il se trouve dans votre compagnie une personne qui n'a pas obtenu ce permis, vous ne pouvez pas être considéré comme commettant un délit conjointement avec elle ; vous ne prenez aucune part à la faute qu'elle commet. Pour que la solidarité soit encourue par un chasseur, il faut qu'il ait personnellement participé au délit ; cela a été décidé par un jugement du tribunal de Louviers du 14 janvier 1841, rapporté par M. Houel. *Code de la chasse*, n° 178.

Art. 28.

Le père, la mère, le tuteur, les maîtres et commettans, sont civilement responsables des délits de chasse commis par leurs enfans mineurs non mariés, pupilles demeurant avec eux, domestiques ou préposés, sauf tout recours de droit.

Cette responsabilité sera réglée conformément à l'art. 1384 du Code civil, et ne s'appliquera qu'aux dommages-intérêts et frais, sans pouvoir toutefois donner lieu à la contrainte par corps.

Un propriétaire est civilement responsable des délits que commet son garde-chasse dans l'exercice de ses fonctions. (*Arrêt de la Table de marbre du* 1er *août* 1778.) Cet arrêt, rapporté par Fournel dans ses *Lois rurales*, 2e volume, page 15, est parfaitement en harmonie avec les dispositions de l'art. 1386 du Code civil et avec celles de la présente loi.

ART. 29.

Toute action relative aux délits prévus par la présente loi sera prescrite par le laps de trois mois, à compter du jour du délit.

La poursuite une fois commencée ne peut plus être périmée que par trois années.

Sous l'empire de l'ordonnance de 1669, la prescription en matière de délits de chasse n'avait lieu qu'après trois mois. Le décret de 1790 avait réduit à un mois le terme, au bout duquel l'action pour délit de chasse était prescrite ; la loi nouvelle revient, sur ce point, à la législation de 1669 ; le délit n'est prescrit qu'après le laps de trois mois.

Dès que des poursuites auront été commencées avant l'expiration des trois mois, la prescription sera interrompue; elle ne pourra plus avoir lieu que lorsque la poursuite sera périmée, c'est à dire trois ans après le dernier acte de procédure, conformément aux dispositions de l'art. 638 du C. d'instr. crim. (*Cas.*, *27 sept.* 1828. — *Dalloz*, — 1828-1-424.)

En matière de délit de chasse, la poursuite dirigée, même devant un tribunal incompétent, interrompt la prescription. (*Cour royale de Paris*, 25 *mars* 1828.—*Courr. des Trib.*, 26 *mars* 1828.) Un arrêt de rejet du 11 mars 1819 a décidé dans un sens diamétralement opposé. (*Sirey*, 19-1-317.)

La plainte de la partie civile, ou l'action qu'elle dirige contre un prévenu pour délit de chasse, interrompt la prescription, non seulement de l'action civile, mais encore de l'action publique. (*Cassation*, 15 *avril* 1826. — *Dalloz*, — 1826-1-348.)

SECTION IV.

Dispositions générales.

Art. 30.

Les dispositions de la présente loi relatives à l'exercice du droit de chasse ne sont pas applicables aux propriétés de la Couronne. Ceux qui commettraient des délits de chasse dans ces propriétés seront poursuivis et punis conformément aux sections II et III.

Art. 31.

Le décret du 4 mai 1812 et la loi du 30 avril 1790 sont abrogés.

Sont et demeurent également abrogés les lois, arrêtés, décrets et ordonnances intervenus sur les matières réglées par la présente loi, en tout ce qui est contraire à ses dispositions.

CIRCULAIRE

DE

M. LE GARDE-DES-SCEAUX,

RELATIVE A L'APPLICATION

DE LA

LOI SUR LA CHASSE.

Une circulaire vient d'être adressée par M. le ministre de la justice à tous les procureurs-généraux. Les explications qui sont contenues dans cette pièce confirment, sur tous les points, celles que nous avons déjà données; elles ne les modifient en aucune manière. Néanmoins nous avons cru devoir la joindre à notre publication, afin de faire connaître à nos lecteurs tous les documens officiels qui ont trait à l'application de la loi.

« Monsieur le procureur-général, l'opinion publique accusait depuis long-temps notre législation sur la chasse de faiblesse et d'insuffisance. Elle demandait contre le braconnage des moyens de répression plus sévères et plus efficaces. Le vœu qu'elle a exprimé a été entendu par le gouvernement et les chambres : la loi sur la police de la chasse a été rendue. Si cette loi est exécutée comme elle doit l'être, avec une sage fermeté, elle fera cesser les abus qui excitaient de si vives et de si justes réclamations. Elle sera un bienfait pour la propriété et l'agriculture, qui regardent avec raison les braconniers comme l'un de leurs plus redoutables fléaux ; elle préservera le gibier de la destruction complète et prochaine dont il était menacé ; elle aura enfin un résultat moral qui doit l'agrandir et en relever l'importance aux yeux de tous les gens de bien : elle empêchera une classe nombreuse et intéressante de la société de se livrer à des habitudes d'oisiveté et de désordres qui conduisaient trop souvent au crime. Les fonctions que vous remplissez vous mettent à même de reconnaître et d'apprécier mieux que personne les avantages incontestables de cette loi. Je viens vous prier d'en surveiller l'exécution et vous signaler celles de ses dispositions sur lesquelles votre attention me paraît devoir se fixer plus particulièrement.

» La loi est divisée en quatre sections, dont la première renferme toutes les prescriptions relatives à l'exercice du droit de chasse. Cette première partie est celle qui contient les innovations les plus nombreuses et les plus importantes.

» L'art. 1er établit en principe que nul ne pourra chasser, même sur sa propriété, si la chasse n'est pas ouverte, et s'il ne lui a pas été délivré un permis de chasse par l'autorité compétente. Il modifie l'ancienne législation, en ce qu'il exige, pour tous les procédés et moyens de chasse, le permis de l'autorité, qui n'était exigé par le décret du 4 mai 1812 que pour la chasse au fusil ; et afin de qualifier ce permis d'une manière qui en indique la portée, il lui donne le nom de permis de chasse au lieu du nom de permis de port d'armes de chasse, sous lequel le décret de 1812 le désignait. Pour être fidèle à la pensée de la loi, il faut entendre le mot chasse dans le sens le plus général, et l'appliquer sans distinction à la recherche, à la poursuite de tout animal sauvage ou de tout oiseau. C'est ainsi, au surplus, que ce mot a été entendu par la cour de cassation, même sous l'empire de la législation de 1790 et de 1812. Il en résulte que, quel que soit l'animal sauvage ou l'oiseau que l'on chasse, et s'il s'agit d'oiseaux de passage, quels que soient le moyen et le procédé de chasse dont on soit autorisé à se servir, un permis de chasse est nécessaire.

» L'art. 2 admet une exception au principe général posé dans l'art. 1er : il autorise le « propriétaire ou possesseur à chasser ou faire chasser en tout temps dans ses possessions, attenant à une habitation et entourées d'une clôture continue faisant obstacle à toute communication avec les héritages voisins. »

» L'exception est beaucoup plus restreinte qu'elle ne l'était sous l'empire de la loi du 30 avril 1790. Cette dernière loi permettait au propriétaire ou possesseur de chasser en tout temps dans ses bois et dans celles de ses possessions qui étaient séparées des héritages voisins par des murs ou des haies vives, lors même qu'elles étaient éloignées d'une habitation. Dans certains départemens, où presque tous les champs sont clos de haies, l'exception détruisait la règle ; d'un autre côté, on a reconnu que la chasse dans les bois à l'époque de la reproduction du gibier était aussi nuisible que la chasse en plaine. On a senti la nécessité de limiter l'exception, autant que possible ; elle n'est donc accordée que pour les possessions attenant à une habitation, et il faudra encore que ces possessions soient entourées d'une clôture continue, formant obstacle à toute communication avec les héritages voisins.

» J'appelle votre attention sur les termes employés par l'article 2 pour désigner la clôture. Les expressions les plus fortes ont été choisies à dessein, pour bien faire comprendre qu'il ne s'agit pas ici d'une de ces clôtures incomplètes comme on en rencontre beaucoup dans les campagnes, mais d'une clôture non interrompue et tellement parfaite, qu'il soit impossible de s'introduire par un moyen ordinaire dans la propriété qui en est entourée.

» Les modes de clôture ne sont pas les mêmes dans toute la France. Ils sont très nombreux et varient à l'infini, suivant les localités. C'est pour ce motif qu'il a paru nécessaire de ne pas indiquer dans la loi un genre de clôture plutôt qu'un autre, et de se contenter d'une définition qui serve de règle aux Tribunaux.

» L'art. 4 mérite une attention particulière, à cause des innovations graves qu'il introduit dans la législation, et des mesures efficaces qu'il prescrit pour prévenir et réprimer le braconnage.

» Sous la législation antérieure, quoique la chasse fût interdite pendant une partie de l'année, le commerce du gibier était permis en tout temps; les braconniers, trouvant toujours à se défaire du produit de leurs délits, exerçaient leur coupable industrie dans toutes les saisons. Le paragraphe Ier de l'art. 4 détruira cette industrie. Il défend la mise en vente, la vente, l'achat, le transport et le colportage du gibier dans chaque département, pendant le temps où la chasse n'y est pas permise. Ses termes sont impératifs, absolus. Ils s'appliquent au gibier vendu, acheté ou transporté, quelle qu'en soit l'origine.

» Celui qui usera du droit exceptionnel de chasser en temps prohibé sur son terrain, attenant à une habitation et entouré d'une clôture continue, n'aura pas, plus que tout autre, la faculté de vendre ou de transporter son gibier. On a pensé que lui accorder cette faculté, c'eût été donner à d'autres le moyen d'éluder la loi, c'eût été rendre illusoires toutes les prohibitions contenues dans l'art. 4.

» Il est inutile de faire observer que le gibier d'eau et les oiseaux de passage pourront être vendus et transportés pendant le temps où la chasse en sera permise par les arrêtés des préfets, lors même que la chasse, et conséquemment la vente et le transport du gibier ordinaire, seraient interdits.

» Le paragraphe 2 de l'art. 4, qui prescrit de saisir le gibier mis en vente, vendu, acheté, colporté ou transporté en temps prohibé, et de le livrer immédiatement à l'établissement de bienfaisance le plus voisin, a paru le complément nécessaire des dispositions du premier paragraphe de cet article.

» La saisie ne présentera ni difficultés ni inconvéniens dans son exécution. La mise en vente, la vente, l'achat, le transport, le colportage du gibier pendant le temps où la chasse n'est pas permise, constituent toujours et nécessairement une infraction à la loi. L'excuse, même celle qui serait fondée sur la provenance légitime du gibier, ne sera jamais admissible.

» Le paragraphe 3 de l'art. 4 a limité les lieux où le gibier pourra être recherché, aux maisons des aubergistes, des marchands de comestibles, et aux lieux ouverts au public.

» Le droit de recherche, ainsi limité, a pu être accordé sans danger aux fonctionnaires chargés de constater les infractions à l'art. 4. En effet, le gibier qui sera découvert en temps prohibé, dans les auberges, chez les marchands de comestibles, dans les lieux ouverts au public, ne pourra jamais s'y trouver que par suite d'un délit.

» Le dernier paragraphe de l'art. 4, en défendant de prendre ou de détruire sur le terrain d'autrui des œufs et des couvées de faisans, de perdrix et de cailles, a voulu porter remède à l'un des abus les plus nuisibles à la reproduction du gibier. Il importe que son exécution soit surveillée avec soin.

» Les art. 3, 5, 6, 7 et 8 règlent tout ce qui concerne l'ouverture, la clôture de la chasse et la délivrance des permis. Les préfets, qui sont chargés spécialement de les exécuter, recevront à ce sujet des instructions particulières de M. le ministre de l'intérieur.

» L'art. 9 prohibe, d'une manière formelle, tous les genres de chasse, à l'exception de la chasse de jour à tir et à courre, et de la chasse aux lapins à l'aide de furets et de bourses. Sans faire une nomenclature qui aurait été impossible, il embrasse dans sa prohibition générale l'emploi des panneaux et des filets, avec lesquels on détruisait des volées entières de perdreaux, l'usage meurtrier des lacets, des collets, et, en un mot, de tous les instrumens de destruction permis par l'ancienne législation, qui ne profitaient qu'aux braconniers. Enfin, il interdit la plus dangereuse de toutes les chasses, la chasse de nuit, qui a été la cause de tant de meurtres et de crimes contre les personnes.

» Les dispositions prohibitives contenues dans les deux premiers paragraphes de l'art. 9 ont dû recevoir quelques exceptions, sans lesquelles elles auraient été beaucoup trop rigoureuses. Aussi le même article prescrit aux préfets de prendre des arrêtés pour déterminer, 1° l'époque de la chasse des oiseaux de passage, autres que la caille, et les modes et procédés de cette chasse ; 2° le temps pendant lequel il sera permis de chasser le gibier d'eau dans les marais, sur les étangs, fleuves et rivières.

» Ainsi, les préfets pourront autoriser la chasse des oiseaux de passage avec les instrumens, les procédés usités dans le pays, même avec ceux dont l'usage est prohibé pour la chasse du gibier ordinaire.

» La loi de 1790 donnait à tout propriétaire ou possesseur la faculté de chasser, en toute saison, sur ses lacs et étangs. La loi nouvelle ne lui permet cette chasse que pendant le temps qui sera déterminé par les préfets. Cette différence entre les deux législations ne vous aura pas échappé.

» L'art. 15 de la loi de 1790 accordait aux propriétaires, possesseurs ou fermiers, le droit de repousser, même avec des armes à feu, les bêtes fauves qui se répandraient dans leurs récoltes, et celui de détruire le gibier dans leurs terres chargées de fruits, en se servant de filets et engins. La loi nouvelle n'a pas voulu leur enlever un droit de légitime défense, commandé par l'intérêt de l'agriculture, et qu'il ne faut pas confondre avec l'exercice de la chasse. Mais elle l'a réglé, afin d'empêcher de s'en servir comme d'un prétexte pour chasser dans toutes les saisons. Tel est l'objet de l'un des paragraphes de l'art. 9.

» Les trois derniers paragraphes de cet article donnent aux préfets la faculté de prendre des arrêtés : 1° pour prévenir la destruction des oiseaux ; 2° pour autoriser l'emploi des chiens lévriers pour la destruction des animaux malfaisans ou nuisibles ; 3° pour interdire la chasse pendant les temps de neige.

» Les mesures qui ont pour objet de prévenir la destruction des oiseaux ne seront pas nécessaires dans tous les départemens ; mais il en est plusieurs où elles sont réclamées dans l'intérêt de l'agriculture, afin d'arrêter la reproduction toujours croissante des insectes nuisibles aux fruits de la terre.

» La loi, en prohibant l'usage des filets, a déjà fait beaucoup pour empêcher la destruction des oiseaux. Mais cette interdiction peut n'être pas toujours suffisante. Les préfets sont autorisés à employer d'autres moyens. Ainsi, par exemple, ils pourront, s'ils le jugent nécessaire, étendre aux œufs et aux couvées d'oiseaux la défense que le dernier paragraphe de l'art. 9 n'a prononcée qu'à l'égard des œufs et couvées de faisans, de perdrix et de cailles.

» On aurait pu croire que l'emploi des chiens lévriers n'était pas compris dans les moyens de chasse prohibés. L'avant-dernier paragraphe de l'art. 9 lève toute équivoque à cet égard.

» Il est bien entendu que l'usage des lévriers est interdit s'il n'existe pas un arrêté du préfet qui l'autorise, et cet arrêté ne peut l'autoriser que pour la destruction des animaux malfaisans.

» La chasse, pendant les temps de neige, est tellement destructive, qu'il a paru utile de donner aux préfets le pouvoir de la défendre par des arrêtés.

» La seconde section de la loi détermine les peines applicables aux diverses infractions qui y sont énumérées. Ces peines sont : l'amende dans tous les cas, l'emprisonnement facultatif dans des cas spécifiés, la confiscation des instrumens du délit et la privation facultative, pendant cinq ans au plus, du droit d'obtenir un permis de chasse. Une disposition formelle défend de modifier les peines par l'application de l'art. 463 du Code pénal.

» Tous les délits, à l'exception d'un seul qui, à raison de son importance, est l'objet d'un article spécial, sont divisés en deux grandes catégories, dont chacune renferme les faits qui, par leur nature, se rapprochent plus les uns des autres, et ont paru susceptibles d'être soumis à la même pénalité.

» Les infractions passibles d'une amende de 16 fr. au moins et de 100 fr. au plus, sont rangées dans la première catégorie et forment l'art. 11. Vous remarquerez que cet article ne prononce pas l'emprisonnement pour les délits qu'il prévoit. Cette peine ne leur deviendra applicable que dans le cas prévu par le dernier paragraphe de l'art. 14. Il faudra que le délinquant soit en récidive et n'ait pas satisfait à une condamnation précédemmen encourue.

» L'art. 12 comprend la seconde catégorie des infractions qui ont paru mériter une peine plus sévère que les délits de la première classe. Ces infractions sont punies d'une amende obligatoire de 50 à 200 fr. et d'un emprisonnement facultatif de six jours à deux mois.

» Une seule disposition de cet article exige quelques explications. C'est le paragraphe relatif à ceux qui seront détenteurs et à ceux qui seront trouvés munis ou porteurs, hors de leurs domiciles, de filets, engins ou autres instrumens de chasse prohibés.

» La loi sur la pêche fluviale ne punit que les individus trouvés munis ou porteurs, hors de leurs domiciles, de filets et engins prohibés. La loi sur la chasse va plus loin. Elle punit ceux qui en sont possesseurs et les détiennent dans leurs domiciles. Il a été reconnu qu'une demi-mesure serait insuffisante, que les braconniers qui font usage de ces immenses filets, à l'aide desquels on détruit des compagnies entières de perdreaux, n'auraient jamais l'imprudence de se montrer porteurs, en plein jour, de ces instrumens de délit, et que, pour atteindre sûrement le but que l'on devait se proposer, il était nécessaire de rechercher les filets et les engins prohibés jusque dans leurs domiciles. L'exécution de la disposition dont il s'agit ne peut faire craindre d'abus. Les visites domiciliaires, pour constater la détention des instrumens de chasse prohibés, ne devront avoir lieu, comme pour les délits ordinaires, que sur la réquisition du ministère public et en vertu d'une ordonnance du juge d'instruction.

» Le délit de chasse commis sur un terrain attenant à une maison habitée et entourée d'une clôture telle qu'elle est définie par l'art. 2, sort de la classe ordinaire des infractions de ce genre. Lorsqu'il est encore aggravé par la circonstance de la nuit, on doit le punir d'autant plus sévèrement qu'il annonce dans ses auteurs une audace qui ne reculera pas devant des actes de violence et même devant un meurtre. L'art. 13 prononce, à l'égard de ce délit, des peines qui pourront être portées, suivant les circonstances, jusqu'à 1,000 fr. d'amende et à deux ans d'emprisonnement.

» L'art. 16 a tracé les règles à suivre pour la confiscation des instrumens de chasse, la destruction de ceux de ces instrumens qui sont prohibés et ne peuvent jamais servir que pour commettre des délits, et la représentation des armes, filets et engins qui n'ont pu être saisis. Ses dispositions sont claires et complètes. Je ne ferai, sur cet article, qu'une seule observation. La peine de la confiscation qu'il prononce ne doit pas être une peine illusoire. Pour qu'elle soit efficace, il faut que les armes et les instrumens du délit qui seront déposés au greffe, par suite de la confiscation, ne soient pas des fusils hors de service, des instrumens qui n'ont pas pu être employés à commettre le délit.

» Les agens chargés de verbaliser, en matière de chasse, devront être invités à désigner aussi exactement que possible les armes et les autres instrumens dont les délinquans auront été trouvés porteurs, et vos substituts devront veiller à ce que les jugemens qui auront ordonné la confiscation et le dépôt au greffe des objets décrits soient strictement exécutés.

» L'examen des diverses pénalités portées dans la loi vous convaincra qu'elles sont graduées suivant le plus ou moins d'importance des faits auxquels elles s'appliquent. Les minimum ont été généralement fixés très bas, afin de laisser aux tribunaux une grande latitude, et de leur permettre de n'infliger qu'une peine légère à ceux qui commettront accidentellement des infractions sans gravité, et que les circonstances rendront excusables.

» D'après les art. 10 et 19, qui se lient l'un à l'autre, et que, par ce motif, je n'ai pas séparés dans les observations auxquelles ils donnent lieu, les gratifications qui seront accordées aux gardes et gendarmes rédacteurs des procès-verbaux seront déterminées par des ordonnances royales et prélevées sur le produit des amendes. La loi a voulu assurer le paiement de ces gratifications en attribuant aux gardes et gendarmes un prélèvement sur le produit des amendes qui auront été prononcées par suite de leurs procès-verbaux. Des mesures seront prises pour que la loi reçoive, sur ce point, une prompte exécution. Une ordonnance, préparée par les soins de M. le ministre des finances, règlera la quotité des gratifications et les moyens d'en effectuer le paiement dans le plus bref délai possible.

» La troisième section de la loi, relative à la poursuite et au jugement, renferme deux articles que je recommande spécialement à votre attention.

» L'art. 23 porte que les procès-verbaux des employés des contributions indirectes et des octrois feront foi jusqu'à la preuve contraire, lorsque, dans la limite de leurs attributions respectives, ces agens rechercheront et constateront les délits prévus par le paragraphe 1er de l'art. 4, c'est à dire la mise en vente, la vente, l'achat, le colportage et le transport du gibier en temps prohibé. Les motifs de cette disposition sont évidens. Les infractions dont il s'agit ici ne pourront presque jamais être constatées par les gardes et les gendarmes, appelés, par la nature de leurs fonctions, à rechercher plutôt les délits de chasse proprement dits qui se commettent au milieu des champs; mais les préposés des octrois, placés à l'entrée des villes pour surveiller les objets qu'on veut y introduire, les employés des contributions indirectes, obligés, par état, de visiter les auberges et les lieux ouverts au public, pourront, tout en remplissant leur mission, constater sans peine le transport et la vente illicite du gibier.

» Leur concours était nécessaire à l'exécution d'une partie importante de la loi. Telle est la cause du nouveau pouvoir qui leur a été conféré.

» Une remarque essentielle à faire sur l'art. 23, c'est que, d'après ses termes, les fonctionnaires qu'il désigne ne pourront verbaliser valablement qu'autant qu'ils agiront dans les limites de leurs attributions ordinaires. Ainsi, les employés des contributions indirectes, ne pouvant faire de visite chez les aubergistes qui se sont rachetés de l'exercice par un abonnement, n'auront pas le droit de s'y transporter pour y rechercher du gibier en temps prohibé.

» L'art. 26 contient une dérogation à l'ancienne législation d'après laquelle les faits de chasse sur le terrain d'autrui ne pouvaient pas être poursuivis d'office par le ministère public sans une plainte formelle du propriétaire. A l'avenir, ils pourront l'être dans deux cas, lorsque le délit aura été commis dans un terrain clos, suivant les termes de l'art. 2 et attenant à une maison d'habitation, ou sur des terres non encore dépouillées de leurs fruits. Les faits de chasse sur le terrain d'autrui ne constituent un délit qu'autant qu'ils ont lieu sans le consentement du propriétaire ou de ses ayant-droit. Les procureurs du roi ne devront donc user de la nouvelle faculté qui leur est accordée qu'avec une sage réserve.

» La quatrième et dernière section, intitulée *Dispositions générales*, donne lieu à une seule observation. L'art. 30, en déclarant les dispositions de la loi sur l'exercice du droit de chasse non applicables aux propriétés de la couronne, ordonne que les délits commis sur ces propriétés seront poursuivis et punis conformément aux sections 2 et 3. Avant la loi, il fallait recourir à l'ordonnance de 1669 pour réprimer les délits de chasse commis dans les forêts de la couronne. Ces délits seront désormais soumis aux règles du droit commun. L'ordonnance de 1669 est abrogée.

» Je termine ici les observations que j'avais à vous adresser sur quelques unes des difficultés que l'interprétation de la nouvelle loi pourra présenter. La pratique fera sans doute naître beaucoup d'autres questions que je n'ai pas examinées. Je suis certain d'avance que, grâce à vos instructions et à la sagesse des tribunaux, ces questions recevront une solution conforme au vœu du législateur.

» L'efficacité de la loi dépend surtout de la manière dont elle sera exécutée par les fonctionnaires chargés de constater les délits. Le nombre de ces fonctionnaires est augmenté. Les gendarmes et les gardes seront secondés par de nouveaux et utiles auxiliaires. Si tous ces agens de l'autorité font leur devoir, le but sera atteint.

» Le zèle de vos substituts n'a pas besoin d'être stimulé. Je suis convaincu qu'ils ne négligeront rien pour assurer, en ce qui les concerne, la bonne exécution de la loi, et qu'ils donneront aux fonctionnaires, placés sous leurs ordres, qui doivent y concourir avec eux, une impulsion ferme et énergique.

» Je vous prie de m'accuser réception de la

présente circulaire, dont je vous envoie des exemplaires en nombre suffisant pour que vous puissiez en adresser un à chacun de ces magistrats.

» Recevez, Monsieur le procureur-général, l'assurance de ma considération très distinguée,

» *Le garde-des-sceaux, ministre secrétaire d'Etat de la justice et des cultes,*

» N. Martin (du Nord). »

CIRCULAIRE

DE

M. LE MINISTRE DE L'INTÉRIEUR.

Nous pouvons répéter pour la circulaire de M. le ministre de l'Intérieur ce que nous avons dit pour celle de M. le Garde des Sceaux. Elle confirme sur *tous les points* le commentaire que nous avons donné. Nous croyons néanmoins devoir mettre cette pièce sous les yeux de nos lecteurs ; car elle contient une interprétation de la loi claire, franche et libérale, et les chasseurs y trouveront l'indication des formalités peu nombreuses qu'ils ont à remplir pour que le permis de chasse leur soit délivré.

Paris, 20 mai 1844.

Monsieur le Préfet, la loi du 30 avril 1790 ne suffisait plus à la répression des abus de l'exercice de la chasse, et le braconnage, cer-

12

tain de l'impunité, s'accroissait d'une manière effrayante. Il ne s'agissait plus seulement de défendre contre une destruction totale et prochaine le gibier qui entre dans les moyens d'alimentation d'une partie de la population, et de faire respecter une propriété d'une nature spéciale mais incontestée ; l'agriculture elle-même avait à se plaindre d'un tel état de choses ; enfin la sécurité des campagnes était souvent compromise : aussi les corps constitués, les Conseils généraux des départemens, en particulier, demandaient-ils depuis long-temps que des mesures plus fortement répressives fussent prises contre le braconnage, ce délit moins grave peut-être comme attentat à la propriété, que par la démoralisation des individus qui s'y livrent et par les crimes auxquels il conduit fatalement.

La loi du 3 de ce mois a pour but de satisfaire à ce besoin, et je ne doute pas que tous les fonctionnaires, tous les agens appelés à concourir à l'exercice de *la police de la chasse*, appréciant l'importance de la législation nouvelle, n'en exécutent les dispositions avec le zèle et la persistance qui peuvent seuls en assurer le succès. Mon collègue, M. le garde des sceaux, ministre de la justice et des cultes, a adressé à MM. les procureurs généraux près les cours royales, les instructions qu'il avait à leur donner sur les parties de la nouvelle loi qui rentrent dans les attributions des magistrats de l'ordre judiciaire. Je vais, Monsieur le Préfet, vous entretenir des dispositions que vous aurez à prendre, soit par vous-même, soit par les directions que vous devez donner à MM. les sous-préfets, maires, officiers de gendarmerie, commissaires de police, gardes-champêtres, et à tous autres agens que la loi appelle à verbaliser en matière de délits de chasse.

DÉLIVRANCE DES PERMIS DE CHASSE.

Aux termes de l'article 1er de la loi du 3 de ce mois, *nul ne pourra chasser..... s'il ne lui a pas été délivré un permis de chasse par l'autorité compétente*. L'article 5 porte que *les permis de chasse seront délivrés, sur l'avis du maire ou du sous-préfet, par le préfet du département dans lequel celui qui en fera la demande aura sa résidence ou son domicile*.

Vous aurez remarqué, sans doute, Monsieur le Préfet, la différence qui existe entre la législation ancienne et la loi nouvelle, quant à l'intitulé du titre délivré par l'autorité, pour rendre licite l'exercice de la chasse. De l'ancien nom, *permis de port d'armes de chasse*, on pouvait, jusqu'à un certain point, conclure qu'il était loisible de chasser *sans permis*, de toute autre manière qu'avec un fusil.. C'est pour éviter toute équivoque que, dans la loi du 3 de ce mois, on a employé les mots de *permis de chasse*, qui, dans leur généralité, embrassent toute espèce de chasse, soit à tir, soit à courre, soit même la chasse des oiseaux de passage que vous aurez à réglémenter, en vertu de l'article 9.

Le permis de chasse doit être délivré *sur l'avis du maire et du sous-préfet*, d'où il faut inférer que c'est au maire que la demande, formulée sur papier timbré, doit être adressée pour qu'elle vous parvienne avec l'avis de ce fonctionnaire, par l'intermédiaire du sous-préfet, pour les arrondissemens autres que celui du chef-lieu. Mais de même que le permis de chasse peut être pris dans le département où l'impétrant *a sa résidence ou son domicile*, de même aussi, la demande peut être formée devant le maire de la commune où l'impétrant est domicilié, ou de celle où il réside temporairement, et le choix ici n'est pas sans importance. En effet, aux termes du deuxième paragraphe de l'art. 5, un droit de 10 fr. par permis est attribué à la commune *dont le maire aura donné l'avis sus-énoncé*. Comme les communes rurales sont celles qui ont le plus besoin de cette nouvelle branche de ressources, et que cet intérêt doit porter les maires à surveiller les citoyens qui se livreraient à l'exercice de la chasse sans *permis*, il est nécessaire de ne délivrer de *permis* qu'à ceux qui justifieront positivement de leur résidence ou de leur domicile.

Il sera nécessaire, d'ailleurs, Monsieur le Préfet, que vous fixiez bien l'opinion de MM. les sous-préfets et maires sur la nature de l'avis qu'ils auront à vous donner sur les demandes du permis de chasse qu'ils vous transmettront. Ainsi, cet avis ne devra pas exprimer vaguement qu'il y a ou qu'il n'y a pas lieu de délivrer le permis demandé. Comme la loi ne vous a pas laissé le droit absolu de délivrer ou de refuser des permis de chasse ; comme l'obtention du permis est le droit général, et que la faculté du refus n'est que le droit exceptionnel, il s'ensuit que les avis des maires et des sous-préfets doivent, 1° lorsqu'ils sont favorables, exprimer qu'il n'est pas à la connaissance de ces fonctionnaires que l'impétrant se trouve dans aucune des catégories pour lesquelles le permis ne pourrait être délivré, et 2°, si les avis sont défavorables, exprimer que l'impétrant se trouve, à leur connaissance, dans telle ou telle position qui fait obstacle à la délivrance d'un permis de chasse.

Il sera bien également que vous rappeliez à

MM. les sous-préfets et maires qu'ils n'ont pas à s'occuper, dans leurs avis, de la question de savoir si l'impétrant est ou n'est pas propriétaire foncier. Aucun des articles de la loi du 3 de ce mois n'a exigé la qualité de propriétaire comme condition de l'exercice de la chasse, et l'autorité ne peut, à cet égard, faire ce que la loi n'a pas fait. Sans doute, le 2e paragraphe de l'art. 1er porte que *nul n'aura la faculté de chasser sur la propriété d'autrui sans le consentement du propriétaire ou de ses ayant-droit*; d'où il résulte que chasser sur le terrain d'autrui sans le consentement du propriétaire est un fait illicite. Mais il est à remarquer que ce fait, aux termes de l'art. 26, ne donne lieu à des poursuites, en thèse générale, que sur la plainte du propriétaire. L'administration ne peut donc pas plus intervenir ici d'office que ne le peut l'autorité judiciaire; elle ne peut pas plus exiger, avant de délivrer le permis, la représentation d'une permission de chasser sur le terrain d'autrui qu'elle ne peut exiger, de la part de l'impétrant, la preuve qu'il est propriétaire foncier.

Nous allons examiner maintenant quelles sont les circonstances qui vous donnent le droit ou vous imposent le devoir de refuser les permis de chasse qui vous sont demandés.

REFUS DE PERMIS DE CHASSE..

Aux termes de l'article 6 de la loi du 3 de ce mois, vous pouvez, Monsieur le Préfet, refuser le permis de chasse :

1° *A tout individu majeur qui ne sera point personnellement inscrit, ou dont le père ou la mère ne serait pas inscrit au rôle des contributions.*

N'être ni imposé ni fils d'imposé est une situation exceptionnelle, puisque la contribution personnelle atteint à peu près tous les citoyens, sauf le cas d'indigence reconnue. La circonstance prévue par ce paragraphe se rencontrera principalement dans le petit nombre de villes où la contribution personnelle est remplacée par un prélèvement sur le produit de l'octroi. Vous aurez à examiner, dans ce cas, si l'absence de l'inscription sur un rôle de contributions vous paraît un motif suffisant pour refuser un permis de chasse. La solution de cette question dépendra, en grande partie, sans doute, des renseignemens qui vous auront été donnés sur la moralité de l'impétrant; je ne puis donc que laisser à votre sagesse une décision que la loi place sous votre responsabilité, certain que vous serez toujours prêt à justifier du bon usage que vous aurez fait de cette prérogative.

Mais s'il vous est loisible de refuser un permis de chasse à tout citoyen majeur, par le seul motif qu'il ne serait ni imposé ni fils d'imposé, et si la qualité d'imposé ou fils d'imposé est la première condition déterminée par la loi, pour qu'un citoyen majeur ait le droit d'obtenir un permis de chasse, vous reconnaîtrez sans doute que ce serait faire de ce principe une application trop rigoureuse et trop étendue, que d'exiger de tout impétrant qu'il vous justifie qu'il est imposé ou fils d'imposé. Comme je le faisais remarquer plus haut, en effet, l'absence de cette condition est une rare exception, et, puisque la presque totalité des citoyens majeurs sont nécessairement imposés ou fils d'imposés, ce ne serait plus exiger qu'une formalité inutile, que d'astreindre *tous les réclamans* à joindre à leur demande un certificat ou extrait de rôle. Il suffira, ce me semble, que vous exigiez cette production de ceux à l'égard desquels vous auriez des doutes sur la question de l'inscription au rôle et dans le cas où vous croiriez devoir vous appuyer de la non inscription pour refuser le permis demandé.

L'article 6 de la loi vous permet encore de refuser le permis de chasse :

2° *A tout individu qui, par une condamna-*

tion judiciaire, a été privé de l'un ou de plusieurs des droits énumérés dans l'article 42 du Code pénal, autres que le droit de port d'armes;

3° *A tout condamné à un emprisonnement de plus de six mois, pour rébellion ou violence envers les agens de l'autorité publique;*

4° *A tout condamné pour délit d'association illicite, de fabrication, débit, distribution de poudre, armes ou autres munitions de guerre; de menaces écrites ou de menaces verbales, avec ordre ou sous condition; d'entraves à la circulation des grains; de dévastations d'arbres ou de récoltes sur pied, de plans venus naturellement ou faits de main d'homme;*

5° *A ceux qui auront été condamnés pour vagabondage, mendicité, vol, escroquerie ou abus de confiance.*

Toutefois le dernier paragraphe du même article restreint la faculté du refus du permis de chasse dans la limite du délai de cinq ans après l'expiration de la peine.

La situation des individus qui se trouveraient compris dans l'une des catégories posées par la loi, devra être de votre part, Monsieur le Préfet, l'objet d'un mûr examen. Puisqu'en effet le législateur n'a pas fait de l'une des circonstances indiquées une condition absolue de refus du permis de chasse, puisqu'il n'y a vu qu'une considération suffisante pour attribuer à l'administration la *faculté* de refuser ce permis, il s'ensuit que les motifs de votre détermination pour accorder ou refuser devront être tirés surtout des circonstances de la condamnation subie et des renseignemens particuliers que vous auriez sur la moralité des individus et sur les inconvéniens qu'il pourrait y avoir pour l'ordre public à leur attribuer légalement le droit de chasser.

Mais de ce que la loi vous permet de refuser le permis de chasse dans les différens cas spécifiés par ces quatre paragraphes de l'article 6, vous n'entendrez sans doute pas astreindre ceux qui demandent le permis à justifier qu'ils ne se trouvent dans aucune de ces positions. Non-seulement ce serait placer tous les citoyens sous une espèce de prévention blessante pour eux, mais encore ce serait exiger une justification souvent impossible, puisqu'il ne leur suffirait pas de s'adresser à l'autorité judiciaire de leur résidence pour en obtenir un certificat de non condamnation. L'obtention du permis de chasse est, pour tous les citoyens, de droit commun ; des exceptions sont faites à ce droit, dans un intérêt public ; c'est donc à l'autorité, qui veut appliquer l'exception, à prouver le cas exceptionnel. Ce sera, en général, par l'avis dont MM. les maires et sous-préfets devront accompagner la demande d'un permis de chasse, que votre attention sera appelée sur la circonstance que l'impétrant se trouverait dans telle ou telle position qui vous autoriserait à refuser le permis, et vous vous empresseriez, alors, de vérifier le fait, en vous adressant au Ministère public près le tribunal qui aurait prononcé la condamnation sur laquelle serait basé votre refus. Je me concerterai avec mon collègue, M. le Ministre de la justice, pour qu'à l'avenir vous receviez les renseignemens qui vous seront nécessaires pour l'exécution de cette partie de la loi.

Après avoir énuméré, dans son article 6, les circonstances qui *permettront* à l'administration de refuser le permis de chasse, la loi indique, dans ses articles 7 et 8, quels sont les individus auxquels le permis de chasse *doit être refusé*.

Ce sont :

1° *Les mineurs qui n'auront pas seize ans accomplis*.

Vous n'exigerez certainement pas de tous les impétrans la justification qu'ils sont âgés de plus de seize ans ; c'est là, pour la très grande majorité d'entre eux, un fait notoire; mais lorsqu'il sera à votre connaissance, ou qu'il sera seulement présumable qu'un impétrant est âgé de moins de seize ans, il sera non-seulement dans votre droit, mais encore dans votre devoir, d'exiger la production d'un acte de naissance.

2° *Les mineurs de seize à vingt et un ans, à moins que le permis ne soit demandé pour eux par leur père, mère, tuteur ou curateur, porté au rôle des contributions.*

Pour les jeunes gens que vous présumeriez être dans les limites d'âge de seize à vingt et un ans, vous devrez également, Monsieur le Préfet, exiger la production d'un acte de naissance, et, par suite, la demande devra être faite, au nom de ces jeunes gens, par les personnes que désigne la loi.

3° *Les interdits.*

Les cas d'interdiction sont assez rares et, par cela même, ils appellent assez l'attention pour que MM. les Sous-Préfets et Maires en aient connaissance. Ils sont donc à portée de vous éclairer à cet égard dans leurs avis.

4° *Les gardes-champêtres ou forestiers des communes et établissemens publics, ainsi que les gardes-forestiers de l'Etat et les gardes-pêche.*

Il suffira sans doute que les différens agens dénommés dans ce paragraphe sachent que le droit de chasse leur est refusé par la loi, pour qu'aucun d'eux ne demande de permis; mais si, par erreur ou autrement, une semblable demande était formulée par un d'eux, l'avis du Maire et des Sous-Préfets, et, au besoin, les listes nominatives que vous pourrez faire dresser, vous mettront à portée d'obtempérer à l'injonction de la loi.

Vous remarquerez sans doute, Monsieur le Préfet, que les gardes des particuliers ne sont pas compris dans l'exclusion prononcée par ce paragraphe ; on comprend, en effet, que les propriétaires fonciers veulent quelquefois faire chasser par leurs gardes. Vous ne refuserez donc pas le permis de chasse aux gardes particuliers, mais vous ferez sagement de les inviter à justifier de l'autorisation des propriétaires dont ils sont les agens.

5° *Ceux qui, par suite de condamnations, sont privés du droit de port d'armes.*

Pour ces individus, je ne puis que répéter ce que je vous ai dit à l'occasion des paragraphes 2 à 5 de l'article 6 ; c'est que ce sera à l'administration qu'il incombera de faire la preuve de l'existence du jugement.

6° *Ceux qui n'auront pas exécuté les condamnations prononcées contre eux pour l'un des délits prévus par la présente loi.*

Lorsqu'un impétrant aurait, à votre connaissance, subi une condamnation pour délit de chasse, en vertu de la loi du 3 mai dernier, vous devrez exiger de lui la preuve qu'il a exécuté la condamnation encourue. Il ne vous échappera pas, d'ailleurs, que s'il avait eu remise de la peine, ce fait équivaudrait à l'exécution de la condamnation.

7° *Tout condamné placé sous la surveillance de la haute police.*

Vous avez par devers vous la liste nominative de tous les individus de votre département placés dans cette catégorie; vous ne pouvez donc éprouver de difficulté pour leur exclusion du droit de chasse.

Je terminerai en vous faisant remarquer, Monsieur le Préfet, que le refus du permis peut être opposé, dès à présent, à tous les individus compris dans les cas énumérés aux numéros 2, 3, 4 et 5 de l'article 6, et 1, 2 et 3 de l'article 8, bien que les condamnations prononcées contre eux l'aient été antérieurement à la promulgation de la loi du 3 mai dernier, et ce ne sera pas là donner à cette loi un effet rétroactif; cela résulte clairement de la rédaction même des articles précités, qui appliquent le refus de permis de chasse à tout individu *qui a été condamné*; s'il ne s'agissait pas, en effet, des condamnations déjà prononcées, le législateur aurait évidemment dit, *à tout individu qui sera condamné.* La privation du droit de chasse ne peut, d'ailleurs, être considérée comme une peine ou une aggravation de peine, c'est seulement une mesure de précaution que la loi permet ou prescrit de prendre dans un intérêt de sûreté publique. Aussi, ajouterai-je que si, par l'effet d'une erreur, vous aviez été entraîné à delivrer un permis de chasse à un individu à qui il n'eût pas dû être accordé, vous ne devriez pas hésiter à le retirer, et, dans le cas où cet individu ne se soumettrait pas à cette mesure, à appeler sur lui l'attention des agens préposés à la répression des délits de chasse.

OUVERTURE ET CLÔTURE DE LA CHASSE.

L'article 3 charge les Préfets de déterminer l'époque de l'ouverture et celle de la clôture de la chasse. Cette attribution leur avait été dévolue déjà par l'ancienne législation ; mais leurs arrêtés devront, dans l'un et dans l'autre cas, être publiés dix jours au moins avant celui indiqué pour la clôture ou l'ouverture de la chasse. Cette condition doit toujours être observée ; vous en comprendrez toute l'importance, puisque l'exacte exécution de l'obligation qui vous est imposée, est intimement liée à la légalité des poursuites pour contravention à vos arrêtés.

Je vous recommande également, Monsieur le Préfet, de vous entourer toujours des renseignemens les plus propres à vous éclairer sur l'époque qu'il conviendra de choisir pour l'ouverture et la clôture de la chasse. Vous consulterez surtout l'intérêt de l'agriculture et l'état des récoltes, mais vous ne perdrez pas de vue non plus qu'il peut y avoir aussi quelques inconvéniens à ouvrir la chasse plus tard qu'il n'est réellement nécessaire. Dans ce cas, en effet, de nombreuses contraventions se commettent, et les poursuites, toutes légales qu'elles soient, ne paraissent plus basées sur les intérêts réels de l'agriculture. Les avis des sous-préfets vous seront très utiles pour la fixation des jours d'ouverture et de clôture de la chasse.

Vous remarquerez, d'ailleurs, Monsieur le Préfet, que bien que l'article que nous examinons porte que les époques d'ouverture et de la clôture de la chasse seront fixées *dans chaque département*, vous n'en conservez pas moins le droit de fixer des époques différentes pour les divers arrondissemens de votre département, si des différences de sol et de température l'exigent : c'est une faculté dont il convient, toutefois, de n'user qu'avec réserve et en vue d'une nécessité réelle ; car il a été remarqué que lorsque la chasse n'est pas ouverte simultanément dans toute l'étendue d'un département, les chasseurs se portent quelquefois en grand nombre dans l'arrondissement où l'ouverture de la chasse est la plus précoce, et que, par suite, le gibier y est promptement détruit.

EXERCICE DU DROIT DE CHASSE.

Le droit conféré par les permis de chasse, Monsieur le préfet, se trouve clairement défini par les deux premiers paragraphes de l'article 9, et ce n'est pas une des moins importantes améliorations apportées par la législation nouvelle, à un état de choses qui excitait de si vives et si justes réclamations.

Trois modes de chasse, seulement, sont aujourd'hui déclarés licites : 1° la chasse à tir ; 2° la chasse à courre ; et 3° l'emploi des furets et des bourses destinés à prendre le lapin. *Tous autres moyens de chasse*, ajoute cet article, *sont formellement prohibés*, et dans cette prohibition générale se trouve évidemment compris l'emploi des panneaux et filets de toute espèce, des appeaux, appelans et chanterelles, des lacets, collets et engins de toute espèce, au moyen desquels la destruction du gibier s'opérait si facilement, et dont l'ancienne législation n'avait pas défendu l'emploi. La chasse de nuit, de quelque manière que ce soit et quelle que soit l'espèce de gibier qu'il s'agirait de prendre, se trouve également prohibée par l'effet de cette seule disposition de l'article 9, portant que le permis de chasse donne le droit de chasser pendant le jour.

Comme les usages qu'il s'agit de détruire aujourd'hui étaient tolérés depuis long-temps, il importe que les restrictions apportées par la loi nouvelle à l'exercice de la chasse, tel qu'il était autrefois entendu, soient parfaitement comprises par les fonctionnaires et agens qui auront à constater les contraventions commises. Je vous engage donc à développer vos instructions, sur ce point, de manière à ce qu'aucune incertitude ne puisse exister sur l'application de la législation nouvelle.

Je terminerai ce que j'avais à dire sur l'exercice du droit de chasse, en vous faisant remarquer que l'article 2 de la loi accorde ce droit, *en tout temps et sans permis de chasse, au propriétaire ou possesseur, dans ses possessions attenant à une habitation et entourées d'une clôture continue faisant obstacle à toute communication avec les héritages voisins.*

La faculté exceptionnelle accordée par cet article, Monsieur le Préfet, existait déjà dans l'ancienne législation, et même d'une manière beaucoup plus étendue. Ainsi, il était loisible au propriétaire de chasser ou de faire chasser en tout temps, dans ses bois ou dans ses possessions entourées d'une clôture conforme aux usages du pays, alors même que ces propriétés étaient éloignées d'une habitation. Des conditions plus restreintes sont aujourd'hui imposées au propriétaire ou possesseur de terrains clos. Non seulement il faut que la clôture soit telle qu'elle fasse obstacle à toute communication avec les héritages voisins, mais encore il faut que les terrains sur lesquels le propriétaire chasserait soient *attenans à une habitation*. Vous appellerez, sur la nécessité de la réunion de cette double condition, l'attention des fonctionnaires et agens appelés à verbaliser des délits de chasse : quant à la nature de clôture qui doit être regardée comme suffisante pour établir le droit exceptionnel du propriétaire, je n'ai aucune règle à tracer; les usages divers seront appréciés par les tribunaux qui auront à statuer sur les procès-verbaux dressés.

MODES EXCEPTIONNELS DE CHASSE.

Mais si le législateur a, dans les deux premiers paragraphes de l'article 9, limité, comme je l'ai dit plus haut, les modes de chasse qu'il considérait comme licites, en temps permis et de jour, par la seule obtention d'un permis de chasse, il n'a pas voulu, cependant, apporter un obstacle absolu à la continuation de certains usages qui n'auraient pu être supprimés sans un préjudice réel pour les localités où ils sont pratiqués, et où ils peuvent être considérés presque comme l'exercice d'une industrie. Il s'agit de la chasse des oiseaux de passage qui, à des époques où quelquefois toutes les autres chasses sont closes, arrivent en nombre tel qu'ils forment, pour les habitans, un moyen précieux d'alimentation et de commerce.

Vous devrez donc, Monsieur le Préfet, autoriser la continuation de cette espèce de chasse, et en régler les modes et les procédés, mais vous aurez préalablement à prendre, à cet égard, l'avis du Conseil général de votre département; vous remarquerez, d'ailleurs, qu'aux termes de l'article 9 que nous examinons, *la caille n'est plus réputée oiseau de passage*, et qu'en conséquence la chasse n'en peut plus avoir lieu que dans les mêmes conditions et sous les mêmes restrictions que pour toute autre espèce de gibier.

Vous devrez également, après avoir pris l'avis du Conseil général, *déterminer le temps pendant lequel il sera permis de chasser le gibier d'eau, dans les marais, sur les étangs, fleuves et rivières.*

Il ne vous échappera pas, d'ailleurs, que, même pour la capture des oiseaux de passage, de quelque espèce que ce soit, et du gibier d'eau, un permis de chasse est nécessaire, quel que soit le procédé qu'on emploie. C'est bien là une chasse, en effet, et la prescription générale et absolue de l'article 1er de la loi, c'est que nul ne chasse, s'il ne lui a été délivré un permis de chasse. C'est ce que vous expliquerez dans vos instructions; et pour qu'elles ne soient pas perdues de vue, sur ce point, vous ferez bien de rappeler l'obligation de l'obtention d'un permis, dans les arrêtés mêmes que vous prendrez pour autoriser la chasse des oiseaux de passage et du gibier d'eau.

Vous aurez enfin, après avoir pris l'avis du Conseil général, à déterminer *les espèces d'animaux malfaisans ou nuisibles que le propriétaire, possesseur ou fermier pourra en tout temps détruire sur ses terres, et les conditions de l'exercice de ce droit*. Vous remarquerez que ce n'est plus ici un fait de chasse que vous aurez à autoriser; il s'agit d'un acte de légitime défense, qui a pour objet unique de préserver les récoltes des dégâts qu'y occasionneraient certaines espèces d'animaux. Il n'est donc pas nécessaire, pour l'exercice de ce droit, que les propriétaires soient munis d'un permis de chasse, mais ils commettraient une contravention, et il y aurait lieu de verbaliser contre eux, si, à l'occasion de la défense de leurs récoltes, ils se livraient à l'exercice de la chasse.

Après avoir, dans les trois paragraphes que nous venons d'examiner, pourvu à l'exercice d'usages, qui ne pourraient pas être abolis, mais que vous devez seulement réglémenter, le même article de la loi vous *autorise* à prendre des arrêtés :

1° *Pour prévenir la destruction des oiseaux*. Il est un assez grand nombre de départemens où l'accroissement excessif des insectes est devenu pour l'agriculture un véritable fléau, et c'est à la destruction des oiseaux que ce fait est généralement attribué. Aussi, beaucoup de Conseils généraux avaient-ils demandé que les Préfets fussent investis du droit, que ne leur donnait pas l'ancienne législation, de prévenir la destruction des petits oiseaux.

2° *Pour autoriser l'emploi des chiens lévriers pour la destruction des animaux malfaisans, etc.*

Quelques explications sont nécessaires, Monsieur le Préfet, pour vous faire apprécier la portée de cette disposition.

Vous savez que l'emploi des chiens lévriers, comme moyen de chasse, est véritablement destructif, et de nombreuses réclamations se sont élevées, dans presque tous les départemens, contre l'usage abusif que certaines personnes faisaient de ces animaux. Plusieurs fois, des Préfets ont voulu porter remède à ces abus, en défendant, par des arrêtés, l'emploi des lévriers comme moyen de chasse, mais en présence de l'état de la législation, les tribunaux n'ont pas pu donner une sanction pénale à ces arrêtes, et leurs jugemens ont été confirmés par la Cour de cassation.

Désormais, l'emploi des chiens lévriers à la chasse proprement dite, se trouve compris dans la prohibition générale formulée par l'article 1er de la nouvelle loi, contre tout autre mode de chasse que la chasse à tir et à courre. La chasse au moyen de chiens lévriers ne rentre, en effet, ni dans l'un ni dans l'autre de ces deux modes, si quelque incertitude à cet égard avait d'ailleurs pu subsister, elle serait levée par la disposition que nous examinons, puisqu'aux termes de cette disposition l'emploi des chiens lévriers ne peut plus avoir lieu qu'en vertu d'un arrêté spécial du préfet, et que l'arrêté ne peut même autoriser cet emploi que *pour la destruction des animaux malfaisans et nuisibles*. Vous vous montrerez sans doute très réservé dans l'autorisation que vous aurez à donner, afin que les anciens abus ne puissent être continués.

3° *Pour interdire la chasse pendant les temps de neige.*

Il s'agit ici, Monsieur le Préfet, d'une mesure toute dans l'intérêt de la conservation du gibier. Déjà, elle était prise dans certains départemens; dans d'autres, la légalité en avait été contestée. Cette mesure peut aujourd'hui être adopté généralement, et vous aurez à examiner si, en raison des circonstances locales, elle vous paraît nécessaire. Vous comprenez, d'ailleurs, que les arrêtés que vous prendriez, à cet effet, ne sont pas soumis, comme ceux relatifs à la clôture et à l'ouverture annuelles de la chasse, au délai de dix jours de publication, pour devenir exécutoires. Il ne serait même pas possible que vous prissiez, en temps utile, des arrêtés spéciaux pour défendre l'exercice de la chasse chaque fois qu'il sera tombé de la neige. Il suffira, pour atteindre ce but, qu'à l'entrée de l'hiver vous preniez et fassiez publier un arrêté portant défense de chasser lorsqu'il y aura de la neige sur la terre.

Vous remarquerez, Monsieur le Préfet, que, pour les arrêtés que vous aurez à prendre en vertu des trois derniers paragraphes de l'article 9 de la loi, il n'est plus exprimé, comme pour les trois premiers paragraphes, que vous devrez prendre l'avis du Conseil général. Je vous engage cependant à recourir également à cet avis, car il s'agit ici de mesures du même ordre, et sur lesquelles les lumières et les connaissances locales des membres du Conseil général ne peuvent que vous être utiles. C'est d'ailleurs *sur l'avis* du Conseil général que vous aurez à agir, c'est-à-dire, que vous n'êtes pas tenu de statuer *conformément* à cet avis, dont vous avez le droit de vous écarter lorsque l'intérêt public vous paraîtra le commander.

L'article 9 de la loi n'a pas soumis à mon approbation les arrêtés que vous avez à prendre dans les différens cas qu'il prévoit ; ces arrêtés sont donc exécutoires de plein droit, et sans autres approbations. Toutefois, vous savez que tous les actes de l'administration préfectorale ne s'exercent que sous l'autorité et le contrôle des ministres responsables ; ce principe est toujours réservé, sans qu'il soit nécessaire de l'exprimer dans chaque loi spéciale. Vous devrez donc, Monsieur le Préfet, m'adresser exactement une ampliation de tous les arrêtés que vous prendrez dans les différens cas prévus par l'article dont il s'agit, afin que je puisse examiner si ces actes sont conformes à l'ensemble de la législation, et vous adresser, au besoin, telles observations qu'il appartiendrait.

PROHIBITION DE LA VENTE DU GIBIER EN TEMPS PROHIBÉ

La défense de chasser pendant certains temps de l'année restait souvent inefficace, et les braconniers n'hésitaient pas à l'enfreindre, encouragés qu'ils étaient par les bénéfices que leur procurait la vente du produit de leur coupable industrie.

L'article 4 de la loi met un terme à cet abus, en défendant d'une manière absolue *de mettre en vente, de vendre, d'acheter, de transporter et de colporter du gibier pendant le temps où la chasse n'est pas permise.* Ces prohibitions, Monsieur le Préfet, s'appliquent à toute espèce de gibier, quelle que soit son origine, et alors même qu'il aurait été tué dans le cas exceptionnel prévu par l'article 2 de la loi. Si on avait, en effet, dans ce cas, laissé au propriétaire la faculté de vendre ou transporter son gibier, on eût rendu illusoires les dispositions prohibitives de la nouvelle législation. Les propriétaires que cette mesure pourra gêner sentiront mieux que personne que ce sacrifice d'une partie de leurs droits était indispensable pour assurer la répression du braconnage qui, sans cela, aurait continué à l'abri de prétextes difficiles à détruire.

Vous comprendrez, toutefois, que les prohibitions portées dans le premier paragraphe de l'article 4 ne s'appliquent pas au gibier tué dans les circonstances prévues par les nos 1 et 2 de l'article 9, alors que ces chasses exceptionnelles auront été autorisées par vos arrêtés. Ces actes, en effet, rendant la chasse de ces espèces de gibier licite, le transport et la vente en sont nécessairement licites aussi.

Il a paru utile que le gibier saisi ne fût pas détruit, et le deuxième paragraphe de l'article 4 en prescrit la remise à l'établissement de bienfaisance le plus voisin, sur une ordonnance, soit du juge de paix, soit du maire, en cas d'absence du juge de paix ou de saisie dans une commune autre que la commune chef-lieu de canton. Vous devrez, Monsieur le Préfet, donner à MM. les maires les instructions nécessaires pour que le vœu de la loi soit toujours accompli. Vous ferez d'ailleurs remarquer aux maires et autres fonctionnaires et agens, dans quelles limites le troisième paragraphe de l'article 4 restreint le droit de recherche ; il importe que ces limites ne soient jamais dépassées. Il suffit que la chasse soit interdite dans le département ; on ne pourrait se prévaloir de ce qu'elle ne le serait pas dans un département voisin.

Enfin, le quatrième paragraphe du même

article donne à la conservation du gibier une nouvelle protection par la défense de prendre ou de détruire, sur le terrain d'autrui, des œufs et des couvées de faisans, de perdrix et de cailles. Vous devrez recommander la rigoureuse exécution de cette prohibition dont la nécessité était si bien sentie.

ATTRIBUTION AUX COMMUNES

L'article 5 de la loi attribue aux communes une ressource nouvelle qui devra désormais figurer dans leurs budgets et dans leurs comptes. Ce produit prendra rang parmi les recettes ordinaires, et formera, dans le budget, un article de recette spécial, sous le titre de : *Portion afférente à la commune dans le produit de la délivrance des permis de chasse.* M. le Ministre des finances déterminera le mode et l'époque du versement de ce produit dans la caisse municipale.

L'article 19 attribue également aux communes sur le territoire desquelles auront été commis des délits de chasse le montant des amendes prononcées contre les delinquans, déduction faite des gratifications accordées aux gardes et gendarmes, en vertu de l'article 10. Jusqu'ici ce produit était compris parmi les amendes de police correctionnelle, et se confondait dans le fonds commun, dont le tiers appartient aux hospices pour le service des enfans trouvés, et les deux tiers sont distribués en secours aux communes pauvres. Désormais, il devra être réuni aux recettes énoncées dans le n° 12 de l'article 31 de la loi du 18 juillet 1837, et qui se rapportent à *la portion que les lois accordent aux communes dans le produit des amendes prononcées par les tribunaux de simple police, par ceux de police correctionnelle, et par les conseils de discipline de la garde nationale.*

Malgré la confusion de ces diverses amendes en un seul article du budget, il vous sera facile de reconnaître celles qui proviennent des délits de chasse, au moyen du compte détaillé que les receveurs de l'enregistrement et des domaines sont tenus de fournir, dans le cours de janvier de chaque année, des sommes qu'ils ont recouvrées au profit des communes pendant l'année précédente. Je désire que vous m'adressiez annuellement un état faisant connaître, par arrondissement, le chiffre exact des amendes de chasse, afin qu'on puisse se rendre compte d'une manière précise des effets résultant de l'exécution de la loi nouvelle et des ressources qu'elle procurera aux communes. Cet état contiendra aussi le relevé, par arrondissement, des sommes revenant aux communes sur le produit de la délivrance des permis de chasse.

Je n'ai rien à prescrire pour assurer le recouvrement des sommes provenant des amendes dont il s'agit, puisque les dispositions des articles 2 et 3 de l'ordonnance du 30 décembre 182[illegible], qui fournissent à MM. les préfets les moyens de contrôler et de vérifier le travail des receveurs de l'enregistrement, sont applicables à l'espèce. Je vous engage à vous reporter pour les détails de ce service aux articles 795, 796 et 798 de l'instruction générale des finances du 17 juin 1840.

Les communes emploieront à l'ensemble de leurs besoins les nouvelles ressources dont elles viennent d'être dotées, et auxquelles la loi n'assigne aucune affectation spéciale. Il n'est pas à craindre que ces ressources soient jamais dissimulées et donnent lieu à des comptabilités occultes. Vous serez toujours à même d'en constater l'encaissement par les receveurs municipaux et d'en surveiller l'emploi, puisque c'est à vous qu'il appartient de délivrer les permis de chasse, et que, d'une autre part, la distribution des sommes entre les communes qui peuvent y avoir des droits ne saurait se faire que sur des états soumis à votre contrôle et à votre approbation.

GRATIFICATIONS AUX GARDES ET GENDARMES.

L'art. 10 assure aux gardes et gendarmes, rédacteurs de procès-verbaux ayant pour objet de constater les délits de chasse, une gratification qui sera prélevée sur le produit des amendes. Le taux de cette gratification sera fixé par ordonnance royale, et des instructions seront données par M. le Ministre des finances pour en assurer le paiement.

Je saisis cette occasion pour vous engager à prémunir de nouveau MM. les maires sur les inconvéniens, les dangers même de certaines transactions qu'ils autorisent quelquefois entre les gardes, rédacteurs de procès-verbaux. Des maires croient pouvoir arrêter les poursuites en exigeant des délinquants, soit une gratification en faveur du garde, soit même le versement d'une somme quelconque en faveur des pauvres de la commune. Sans méconnaître les intentions de ces fonctionnaires, on ne peut se dissimuler qu'ils excèdent leurs pouvoirs, qu'ils contreviennent soit à nos lois pénales, soit à nos lois financières, et qu'ils s'exposeraient à être poursuivis, comme concussionnaires, en vertu de la disposition finale des lois annuelles de finances. Vous devrez donc rappeler à MM. les maires, avec force, le danger auquel ils s'exposent. Quant aux gardes, faites-leur savoir que vous n'hésiterez pas à prononcer la révocation de tous ceux qui auraient consenti à se prêter à de semblables transactions, sans préjudice des poursuites en prévarication qui pourraient être exercées contre eux.

Je n'ai pas à vous entretenir, Monsieur le Préfet, des dispositions de la loi comprises dans les articles 11 et suivans ; elles sont dans les attributions de l'autorité judiciaire, et M. le garde des sceaux à adressé à MM. les procureurs-généraux les instructions que pouvait exiger cette partie de la législation nouvelle.

Vous apprécierez, je n'en doute pas, Monsieur le Préfet, toute l'importance de la loi du 3 mai 1844 ; je ne puis donc que vous recommander d'engager tous les fonctionnaires et agens qui resortissent à votre administration à concourir avec zèle à la répression d'abus qui excitaient depuis long-temps de vives et justes réclamations.

Recevez, Monsieur le Préfet, l'assurance de ma considération distinguée,

Le Ministre Secrétaire d'Etat au département de l'Intérieur,

T. DUCHATEL.

PARIS. — IMPRIMERIE D'ÉDOUARD PROUX ET Cᵉ,
Rue Neuve-des-Bons-Enfans, 3.

www.ingramcontent.com/pod-product-compliance
Ingram Content Group UK Ltd.
Pitfield, Milton Keynes, MK11 3LW, UK
UKHW022058260726
13993UKWH00001B/188